Auf der Plantage

Eine Geschichte über die Abenteuer eines Jungen aus
Georgia während des Krieges

Joel Chandler Harris

Writat

Diese Ausgabe erschien im Jahr 2023

ISBN: 9789359251899

Herausgegeben von
Writat
E-Mail: info@writat.com

Nach unseren Informationen ist dieses Buch gemeinfrei.
Dieses Buch ist eine Reproduktion eines wichtigen historischen Werkes. Alpha
Editions verwendet die beste Technologie, um historische Werke in der gleichen
Weise zu reproduzieren, wie sie erstmals veröffentlicht wurden, um ihre
ursprüngliche Natur zu bewahren. Alle sichtbaren Markierungen oder Zahlen
wurden absichtlich belassen, um ihre wahre Form zu bewahren.

Inhalt

KAPITEL I JOE MAXWELL MACHT EINEN ANFANG .....- 1 -

KAPITEL II EINE PLANTAGENZEITUNG ....- 11 -

KAPITEL III EINEN AUSLÜCKER AUFFOLGEN ....- 18 -

KAPITEL IV SCHATTEN DES KRIEGES ....- 25 -

KAPITEL V HERR. WALL'S STORY ....- 30 -

KAPITEL VI DIE EULE UND DIE VÖGEL ....- 37 -

KAPITEL VII ALTER ZIP COON ....- 45 -

KAPITEL VIII ETWAS ÜBER „SANDY-CLAUS" ....- 55 -

KAPITEL IX Deserteure und Ausreißer ....- 64 -

KAPITEL X DIE ERZÄHLER ....- 74 -

KAPITEL XI DAS RELIEF-AUSSCHUSS ....- 85 -

KAPITEL XII EINE GEORGISCHE FUCHSJAGD ....- 95 -

KAPITEL XIII ABENTEUER EINER NACHT ....- 105 -

KAPITEL XIV DER VORHANG FÄLLT ....- 116 -

KAPITEL I
JOE MAXWELL MACHT EINEN ANFANG

D as Postamt im Dorf Hillsborough in Mittelgeorgia war einst ein seltsamer kleiner Ort, was auch immer er heute ist. Es wurde in einem Keller untergebracht; und der Postmeister, ein unternehmungslustiger Herr aus Connecticut, hatte alles so arrangiert, dass diejenigen, die ihre Briefe und Papiere holen wollten, gleichzeitig ihre Lebensmittelvorräte besorgen konnten.

Auf der einen Seite an der Wand stand ein verblasstes grünes Sofa. Es war kein einladender Sitzplatz, denn an manchen Stellen schauten die Federn durch, und eines seiner Beine war gebrochen, so dass er verdächtig an der Wand schief stand. Aber ein gewisser kleiner Junge fand eine Ecke des klapprigen alten Sofas einen sehr bequemen Platz, und er kuschelte sich dort fast jeden Tag zusammen, las so viele vereinzelte Zeitungen, die er in die Finger bekommen konnte, und beobachtete das Kommen und Gehen der Leute.

Für den kleinen Jungen war der Bestand an zum Verkauf angebotenen Waren in seiner Vielfalt ebenso merkwürdig wie die Menschen, die Tag für Tag nach den Briefen riefen, die eintrafen oder ausblieben. Manchen zierlichen Menschen wäre der vermischte Geruch von Käse, Camphen und Makrele unangenehm gewesen; Aber Joe Maxwell – so hieß der kleine Junge – hatte ein gesundes Wesen und einen starken Magen, und er hielt das seltsame kleine Postamt für einen der angenehmsten Orte der Welt.

Eine Trennwand aus Holz und Drahtgeflecht schirmte das Postamt und die wenigen Lebensmittelvorräte von der breiten Öffentlichkeit ab, aber draußen gab es einen Bereich, in dem viele Menschen stehen und auf ihre Briefe warten konnten. In einer Ecke dieses Bereichs stand das wacklige grüne Sofa, und rundherum standen Stühle, Kisten und Fässer, auf denen sich müde Menschen ausruhen konnten.

Die Milledgeville-Zeitungen hatten in der Grafschaft eine große Verbreitung. Sie wurden in der Hauptstadt des Staates gedruckt und galten aus diesem Grund als sehr wichtig. Sie hatten so viele Leser in der Nachbarschaft, dass der Postmeister, um Zeit und Ärger zu sparen, sie auf einem langen Regal außerhalb der hölzernen Trennwand stapelte, wo sich jeder Abonnent bedienen konnte. Joe Maxwell machte sich diese Methode zunutze, und wenn die Milledgeville-Zeitungen dienstags eintrafen, konnte man ihn immer zusammengerollt in der Ecke des alten grünen Sofas finden und den *Recorder* and the *Federal Union lesen* . Es lässt sich schwer sagen, was ihn in diesen Papieren interessierte. Sie waren voll von politischen Essays, die damals populär waren, und sie enthielten ausführliche Berichte über politische Kongresse und Treffen aus allen Teilen des Staates. Es waren Papiere für Erwachsene, und Joe Maxwell war erst zwölf Jahre alt und für sein Alter klein.

Es gab noch einen anderen Ort, den Joe gerne besuchte, und das war eine Anwaltskanzlei in einem der Räume der alten Taverne, die auf die Säulenveranda blickte. Für ihn war es ein angenehmer Ort, nicht weil es eine Anwaltskanzlei war, sondern weil es die Kanzlei eines Herrn war, der dem Jungen gegenüber sehr freundlich war. Der Name des Herrn war Mr. Deometari , und Joe nannte ihn Mr. Deo, wie auch die anderen Leute von Hillsborough. Er war dick und klein und trug einen Schnurrbart, was ihm zu dieser Zeit ein eigenartiges Aussehen verlieh. Alle anderen Männer, die Joe kannte, trugen entweder einen Vollbart oder einen Schnurrbart und einen Kaiserschnitt. Aus diesem Grund sahen die Schnurrhaare von Herrn Deometari sehr seltsam aus. Er war Grieche, und in der Stadt verbreitete sich das Gerücht, er sei aus politischen Gründen gezwungen gewesen, sein Land zu verlassen. Joe wusste erst lange danach, dass Politik ein Verbrechen sein könnte. Er glaubte, dass Politik teils in Zeitungsartikeln mit den Unterschriften „Old Subscriber" und „Many Citizens" und „Vox Populi" und „Scrutator" bestehe, teils in Auseinandersetzungen zwischen den Männern, die bei schönem Wetter auf den Trockenwarenkisten unter dem Porzellan saßen -Bäume. Aber es gab ein Geheimnis um Herrn Deometari , und es gefiel dem Jungen, sich alle möglichen romantischen Geschichten über den dicken Anwalt auszudenken. Obwohl Herr Deometari Grieche war, hatte seine Zunge keinen fremden Unterton. Nur ein so genauer Beobachter wie der Junge hätte aus seiner Rede erkennen können, dass es sich um einen Ausländer handelte. Er war ein guter Anwalt und ein guter Redner, und alle anderen Anwälte schienen ihn zu mögen. Sie genossen seine Gesellschaft so sehr, dass Joe ihn nur gelegentlich allein in seinem Büro antraf.

Mr. Deometari put on his uniform.

Einmal holte Herr Deometari eine Militäruniform aus seinem Schrank und zog sie an. Joe Maxwell fand, dass es die schönste Uniform war, die er je gesehen hatte. Goldborten verliefen an den Seiten der Hose, Goldschnüre hingen lose an der Brust des Mantels, und ein Paar gewaltige Schulterklappen ragten über die Schultern. Der Hut ähnelte in etwa den Hüten, die Joe in Bilderbüchern gesehen hatte. An den Seiten war es mit kleinen goldenen Knöpfen befestigt und mit einer langen schwarzen Feder besetzt, die wie die Brust einer Taube glänzte. So dick Herr Deometari auch war, der Junge fand, dass er in seiner schönen Uniform sehr gut aussah. Dies war nur ein Vorfall. In seinem großen Zimmer hatte Herr Deometari Kisten voller Bücher und er gab Joe die Erlaubnis, sie zu durchsuchen. Viele der Bände waren in fremden Sprachen verfasst, aber darunter befanden sich einige urige alte englische Bücher, und diese gefielen dem Jungen über alle Maßen. Nach einer Weile schloss Herr Deometari sein Büro und zog in den Krieg.

Es wäre nicht fair zu sagen, dass Joe ein fleißiger Junge war. Im Gegenteil, er hatte eine abenteuerlustige Einstellung und mochte die Bücher, die in seinem Schreibtisch an der Hillsborough Academy lagen, überhaupt nicht. Er war voller Streiche und Kapriolen aller Art, und es gab viele Leute in der kleinen Stadt, die bereit waren zu erklären, dass er ein böses Ende nehmen würde, wenn man ihm nicht häufiger das verabreichte, was die alten Leute Hickoryöl nannten. Einige von Joe Maxwells Streichen waren alltäglich, andere waren jedoch genial genug, um ihm den Ruf seines Humors zu verschaffen, und von einem Streich sprechen die Menschen mittleren Alters in Hillsborough bis heute besonders.

Der Lehrer der Akademie hatte unter den Schülern eine Militärkompanie organisiert – es war gerade zu der Zeit, als Gerüchte und Andeutungen eines Krieges Gestalt annahmen –, und an der Organisation war großes Interesse zu verspüren, insbesondere bei den älteren Jungen. Joe Maxwell war der vierte Korporal dieser Kompanie, eine Position, die ihm einen Platz am Fuße der Kompanie verschaffte. Die Hillsborough Cadets trainierten jeden Schultag und manchmal auch samstags und waren bald sehr stolz auf ihre Fähigkeiten.

Nach langem Manövrieren auf den Spielplätzen und auf dem öffentlichen Platz kam der Lehrer, der Kapitän war, schließlich zu dem Schluss, dass die Jungen sich einen Urlaub verdient hatten, und es wurde beschlossen, dass die Gruppe für eine Woche ins Lager gehen sollte den Oconee River, angeln und jagen und im Allgemeinen eine gute Zeit haben. Die Jungen waren ganz außer sich, als die Ankündigung gemacht wurde, und einige von ihnen wollten den Lehrer umarmen, der sich Mühe gab, ihm zu erklären, dass ein Versuch dieser Art weder mit militärischer Taktik noch mit militärischer Disziplin vereinbar sei.

Alle Vorkehrungen wurden ordnungsgemäß getroffen. Zelte wurden von den Hillsborough Rifles geliehen und das Trommelkorps dieser Kompanie wurde angeheuert, um Musik zu machen. Ein halbes Dutzend Wagen transportierten die Lagerausrüstung und die kleinen Jungen, während die größeren marschierten. Für Joe Maxwell war es eine völlig neue Erfahrung und er genoss es, wie nur ein gesunder und temperamentvoller Junge es genießen konnte. Die förmliche und feierliche Art, in der die Wache bestiegen wurde, gefiel ihm sehr, und die Versuchung, darüber einen Witz zu machen, war zu groß, als dass er ihr widerstehen konnte.

Die Zelte wurden einander gegenüber aufgestellt, wobei das Offizierszelt an der Spitze der so gebildeten Reihe stand. Am anderen Ende der Gasse und etwas weiter hinten befand sich das Gepäckzelt, in dem die Koffer, Kisten und Kommissare aufbewahrt wurden. Draußen marschierten die vier Wachposten auf und ab. Die Zelte wurden auf einem alten Feld aufgeschlagen, das als Weide diente, und Joe bemerkte im Laufe des Nachmittags, dass zwei Maultiere und ein Pferd herumgrasten. Er bemerkte auch, dass diese Tiere sehr verstört waren, besonders wenn die Trommeln zu schlagen begannen, und dass ihre Neugier es ihnen nicht erlaubte, sich weit vom Lager zu entfernen, egal wie verängstigt sie waren.

Zufälligerweise sollte einer von Joes Tischkameraden an diesem Abend um zwölf Uhr Wache halten. Er war ein dicker, unbeholfener, gutmütiger Kerl, dieser Tischkamerad, und außerdem hatte er einen tiefen Schlaf, so dass, als der Korporal der Wache es unternahm, ihn zu wecken, alle Jungen im Zelt geweckt wurden. Alle außer Joe schliefen schnell wieder ein, aber dieser unternehmungslustige junge Mann zog sich still und heimlich an und schlüpfte in der Verwirrung des Wachwechsels aus den Reihen und versteckte sich in einer bequemen Schlucht unweit des Lagers.

Es war seine Absicht, sich Sorgen zu machen, wenn nicht sogar, seinen Tischkameraden zu erschrecken, und während er dort lag und versuchte, sich den besten Plan auszudenken, den er verfolgen sollte, hörte er nicht weit entfernt das Pferd und die Maultiere trampeln und schnauben. Ihre Neugier war noch nicht gestillt und sie schienen sich auf den Weg zum Lager zu machen, um es zu erkunden.

Joes Entscheidung war sofort getroffen.

Er glitt die Schlucht hinunter, bis die Tiere sich zwischen ihm und dem Lager befanden, und dann ergriff er ein großes Kieferngestrüpp, das zufällig in der Nähe lag, und sprang auf sie zu. Die Maultiere und das Pferd waren bereit für einen Ansturm. Das Lager selbst war ein Objekt des Verdachts, und dieser Angriff von unerwarteter Seite war zu viel für sie. Schnaubend vor Schreck stürmten sie in Richtung der Zelte. Der schläfrige Wächter hörte sie kommen, feuerte seine Waffe in die Luft und rannte schreiend ins Lager, gefolgt vom Pferd und einem der Maultiere. Das andere Maultier wich beim Abfeuern nach rechts aus und rannte in das Gepäckzelt. Es gab ein gewaltiges Klappern und Klappern von Kisten, Töpfen, Pfannen und Geschirr. Das vor Angst wahnsinnige Maultier unternahm einen heftigen Versuch, durch das Zelt zu gelangen, aber es fing ihn irgendwie auf. Schließlich gaben die Seile nach, die es festhielten, und das Maultier drehte sich um und rannte mit dem Zelt auf dem Rücken flatternd und flatternd durch das Lager. Für alle außer Joe Maxwell war es ein schrecklicher Anblick. Viele der Jungen gingen, wie das Sprichwort sagt, „in den Wald", und einige von ihnen waren vor Angst am Boden. Das waren Konsequenzen, mit denen Joe nicht gerechnet hatte, und es dauerte lange, bis er seinen Anteil am nächtlichen Sport gestand. Die Ergebnisse reichten über das Lager hinaus. In einem anderen Teil der Plantage hielten die Neger unter freiem Himmel eine Erweckungsversammlung ab, bei der sie predigten, schrien und sangen. Auf diese vertraute Szene zuging das Maultier, kreischend, schreiend und tretend, während das große weiße Zelt auf seinem Rücken flatterte. Als das verängstigte Tier den Ort umkreiste, schrien die Neger, dass Satan gekommen sei, und die Panik, die unter ihnen ausbrach, ist nicht leicht zu beschreiben. Viele dachten, die Erscheinung sei der Beginn des Jüngsten Gerichts, während die weitaus größere Zahl fest davon überzeugt war, dass der „alte Junge" selbst hinter ihnen her war. Der Aufruhr, den sie verursachten, war im mehr als eine Meile entfernten Lager deutlich zu hören – Schreie, Schreie, Schreie und Schreie um Gnade. Nachdem alles vorbei war und Joe Maxwell leise ins Bett geschlichen war, kam ihm der Gedanke, dass es doch kein so schöner Witz war, und er lag lange wach und bereute die Arbeit der Nacht. Am nächsten Tag hörte er, dass niemand verletzt worden sei und kein ernsthafter Schaden entstanden sei, aber es dauerte viele Wochen, bis er sich seinen gedankenlosen Streich vergab.

Obwohl Joe den Spaß liebte und den großen Wunsch verspürte, Clown in einem Zirkus zu sein oder Fahrer einer Postkutsche zu werden – genau wie früher eine rot-gelbe Kutsche mit der Aufschrift „USM" auf den Türen Er beförderte Passagiere und die Post zwischen Hillsborough und Rockville – er erlaubte seinen Gedanken nie, sich mit diesen Dingen zu beschäftigen. Er wusste sehr gut, dass bald die Zeit kommen würde, in der er für seine Mutter und sich selbst sorgen musste. Dieser Gedanke kam ihm immer wieder, wenn er in dem kleinen Postamt saß und die Zeitungen von Milledgeville las.

So kam es, dass diese Papiere im Laufe der Zeit sowohl für Alt als auch für Jung sehr interessant wurden. Die Kriegsgerüchte hatten sich zum Krieg selbst entwickelt. Im Laufe einiger Monate waren zwei Kompanien Freiwilliger von Hillsborough nach Virginia gereist, und die kleine Stadt schien einsamer und verlassener zu sein als je zuvor. Joe Maxwell bemerkte, als er im Postamt saß, dass nur sehr wenige alte Männer und Damen hinter den Briefen und Papieren her waren, und er vermisste viele Gesichter, die ihn beim Lesen immer anlächelten, und einige davon er sah sie nie wieder. Er bemerkte auch, dass die Damen und jungen Mädchen häufiger zur Post kamen, wenn es zu einer Schlacht oder einem Scharmützel gekommen war. Wenn die Nachricht sehr wichtig war, bestieg einer der bekanntesten Bürger einen Stuhl oder eine Trockenwarenkiste und las der wartenden und besorgten Gruppe von Menschen die Telegramme vor, und manchmal zitterten die Hände und die Stimme des Vorlesers.

Eines Tages, als Joe Maxwell im Postamt saß und die Milledgeville-Papiere durchsah, fiel sein Blick auf eine Anzeige, die ihn sehr interessierte. Es schien ihm die ganze Welt näher zu bringen. In der Anzeige wurde darauf hingewiesen, dass am nächsten Dienstag die erste Nummer von *The Countryman* , einer Wochenzeitung, erscheinen würde. Es würde sich an Mr. Addisons kleiner Zeitung „The *Spectator* ", Mr. Goldsmiths kleiner Zeitung „The *Bee*" und Mr. Johnsons kleiner Zeitung „ *Rambler* "*orientieren* . Es würde von JA Turner herausgegeben und auf der Plantage des Herausgebers, neun Meilen von Hillsborough entfernt, herausgegeben werden. Joe las diese Anzeige über ein Dutzend Mal und wartete mit großer Ungeduld auf den nächsten Dienstag.

Aber der Tag kam und mit ihm kam die erste Ausgabe von *The Countryman* . Joe las es von Anfang bis Ende, mit Werbung und allem, und fand, dass es die unterhaltsamste kleine Zeitung war, die er je gesehen hatte. Zu den interessanten Dingen gehörte die Ankündigung des Herausgebers, dass er wollte, dass ein Junge das Druckgewerbe erlernt. Joe lieh sich Feder und Tinte sowie etwas Papier vom freundlichen Postmeister und schrieb einen Brief an den Herausgeber, in dem er sagte, dass er gerne das Druckgeschäft erlernen würde. Der Brief war zweifellos etwas umständlich, aber er erfüllte seinen Zweck, denn als der Herausgeber von *The Countryman* nach Hillsborough kam, suchte er Joe auf und sagte ihm, er solle sich auf den Weg zur Plantage machen. Nicht ohne Bedenken legte der Junge seine Kreisel und Murmeln weg, packte seine kleinen Habseligkeiten in einen altmodischen Koffer, gab seiner Mutter und seiner Großmutter einen Abschiedskuss und machte sich auf den Weg zu der Reise, die sich als die wichtigste herausstellte seines Lebens.

Als Joe Maxwell im Kinderwagen neben dem Herausgeber und Verleger von „The Countryman" saß, fühlte er sich tatsächlich einsam, und dieses Gefühl verstärkte sich, als er durch die kleine Stadt fuhr und seine Schulkameraden hörte, die auf dem öffentlichen Platz an ihren Murmeln saßen und *boten* ihm auf Wiedersehen.

Er konnte seine Tränen kaum zurückhalten, aber als er sich umsah, nachdem der Buggy ein kleines Stück gefahren war, sah er, dass seine Freunde wieder ihren Murmeln nachgegangen waren, und ihm kam der Gedanke, dass er bereits vergessen war. Viele, viele Male danach dachte er an seine kleinen Gefährten und daran, wie schnell sie wieder in ihren Bann gezogen waren.

Der Herausgeber von „*The Countryman*" musste erraten haben, was in dem Kopf des Jungen vorging (er war ein schlagfertiger Mann und außerdem ein kluger Mann), denn er versuchte, mit Joe ins Gespräch zu kommen. Aber der Junge pflegte lieber seine Einsamkeit und redete nur, wenn er gezwungen war, eine Frage zu beantworten. Schließlich fragte ihn der Herausgeber, ob er fahren würde, und Joe war froh, dies zu tun, denn es ist eine gewisse Abwechslung, die Zügel über ein temperamentvolles Pferd zu halten. Das Pferd des Herausgebers war ein großer Schimmel namens Ben Bolt, und er war prächtiger als alle Pferde, die Joe im Pferdestall gesehen hatte. Ben Bolt spürte eine neue und ungewohnte Berührung der Zügel und bemühte sich, seinem Namen eine neue Bedeutung zu geben, indem er sich ganz sicher rannte. Die Straße war eben und hart, und das Pferd lief ein kurzes Stück schnell; Aber Joe Maxwells Arme waren hart, und bevor das Pferd eine Viertelmeile zurückgelegt hatte, hatte der Junge es völlig unter Kontrolle.

„Das hast du sehr gut gemacht", sagte der Redakteur, der mit Ben Bolts Tricks vertraut war. „Ich wusste nicht, dass kleine Jungen in der Stadt Pferde fahren können."

„Oh, manchmal können sie das", antwortete Joe. „Wenn er Angst gehabt hätte, hätte ich wahrscheinlich auch Angst haben sollen; aber er spielte nur. Er war den ganzen Tag an der Streckbank gefesselt und muss hungrig sein."

„Ja", sagte der Herausgeber, „er hat Hunger und möchte seinen Kumpel Rob Roy sehen."

Dann sprach der Herausgeber auf phantasievolle Weise über Ben Bolt und Rob Roy, als wären sie Personen und keine Pferde; Aber es erschien Joe nicht fantasievoll, da er eine seltsame Sympathie für Tiere aller Art hatte, insbesondere für Pferde und Hunde. Es gefiel ihm sehr, dass er gemeinsame Ideen mit einem erwachsenen Mann hatte, der wusste, wie man für die Zeitungen schreibt; und wenn der Redakteur Joe seine Einsamkeit vergessen lassen wollte, dann gelang ihm das vortrefflich, denn der Junge dachte nicht mehr an die Jungen, die so schnell wieder in ihren Bann gezogen waren, sondern nur an seine Mutter, die er zuletzt am kleinen Tor stehen gesehen hatte lächelte ihn unter Tränen an.

Als sie weiterfuhren, zeigte mir der Redakteur eine kleine Blockhütte in der Nähe der Straße.

„Dort", sagte er, „wohnt der Obersheriff des Landkreises. Kennen Sie Colonel John B. Stith?"

„Ja", antwortete Joe; „Aber ich dachte, er lebte in einem großen, schönen Haus. Ich verstehe nicht, wie er durch die Tür da drüben reinkommen kann."

„Warum denkst du, dass er zu groß für die Tür ist?" fragte der Herausgeber.

„Na ja, wie er weitermacht", sagte Joe mit der Unverblümtheit der Jugend. „Er ist immer in der Stadt und redet über Politik, und er redet größer als jeder andere."

„Nun", sagte der Herausgeber lachend, „das ist sein Haus." Wenn man etwas älter wird , findet man Leute, die enttäuschender sind als der Obersheriff. Ich habe gehört, dass Jungen manchmal zu groß für ihre Reithose sind, aber das ist das erste Mal, dass ich jemals gehört habe, dass ein Mann zu groß für sein Haus sein könnte. Das ist eine gute Aussage über den Colonel."

Ben Bolt trottete gleichmäßig und schnell dahin, aber nach einer Weile brach die Dämmerung herein, und dann kamen die Sterne zum Vorschein. Joe spähte nach vorn und versuchte, die Straße zu erkennen.

„Lassen Sie das Pferd einfach seinen Willen", sagte der Herausgeber. „Er kennt die Straße besser als ich"; und es schien so zu sein, denn als schwere Wolken aus dem Westen aufzogen und die Sterne verdeckten und nur die Dunkelheit sichtbar war, trottete Ben Bolt so gleichmäßig wie eh und je. Er plätscherte durch Crooked Creek, ging den langen Hügel hinauf und machte sich dann schneller als je zuvor auf den Weg.

„Es ist jetzt eine ebene Straße", bemerkte der Herausgeber, „und Ben Bolt ist auf der Zielgeraden."

Nach kurzer Zeit blieb er vor einem großen Tor stehen. Es wurde im Handumdrehen von jemandem geöffnet , der zu warten schien.

„Bist du das, Harbert?" fragte der Herausgeber.

„Ja, Marster ."

„Nun, ich möchte, dass Sie Mr. Maxwell hierher zu Mr. Snelson bringen."

„Yasser", antwortete der Neger.

„Snelson ist der Vorarbeiter der Druckerei", erklärte der Herausgeber Joe, „und vorerst müssen Sie bei ihm einsteigen. Ich hoffe, er wird es Ihnen angenehm machen. Gute Nacht."

Für den einsamen Jungen schien es eine lange Reise zu Mr. Sneison zu sein – durch breite Plantagentore, enge Gassen entlang, ein Stück öffentlicher Straße entlang und dann ein Sprung in die Tiefen eines großen Waldes, durch den plötzlich ein Licht schimmerte.

„Ich rufe sie an " , sagte Harbert und ließ ein musikalisches Hallo in die Dunkelheit vor sich hersenden, woraufhin, so prompt wie sein Echo, eine herzliche Antwort aus dem Haus kam, mit nur einem Hauch des irischen Akzents die Stimme.

„Ah, und es ist der junge Mann! Springen Sie direkt nach unten und kommen Sie in die Wärme des Feuers. Da ist etwas Heißes auf dem Herd, wo es auf dich wartet."

Und so begann Joe Maxwell ein neues Leben – ein Leben, das sich so weit wie möglich von dem unterschied, das er in Hillsborough zurückgelassen hatte.

KAPITEL II
EINE PLANTAGENZEITUNG

Die Druckerei war für Joe Maxwell eine größere Offenbarung als für jeden der Jugendlichen, die dies vielleicht lesen würden. Es war eine sehr kleine Angelegenheit; Die Druckschrift war alt und abgenutzt, und die Handpresse – eine Washington Nr. 2 – hatte schon einiges an Einsatz hinter sich. Aber für Joe war das alles neu, und die Tatsache, dass er Teil der Maschinerie werden sollte, löste in seinem Kopf ein höchst entzückendes Gefühl aus. Er meisterte schnell die Kästchen des Druckergehäuses und war schon nach wenigen Tagen in der Lage, die Schrift schnell genug zu setzen, um Herrn Snel-son, der Vorarbeiter, Setzer und Drucker war, eine große Hilfe zu sein.

Das einzig Seltsame an *The Countryman* war die Tatsache, dass es die einzige Plantagenzeitung war, die jemals veröffentlicht wurde, und das nächste Postamt neun Meilen entfernt war. Man könnte annehmen, dass eine solche Zeitung ein Misserfolg wäre; Aber „*The Countryman*" war von Anfang an ein Erfolg und erreichte zeitweise eine Auflage von fast zweitausend Exemplaren. Der Herausgeber war ein sehr origineller Autor, und seine Leitartikel im *Countryman* wurden in allen Zeitungen der Konföderation zitiert, aber am glücklichsten war er, wenn er in eine politische Kontroverse verwickelt war. Ein weiteres Merkmal von „*The Countryman*" war die Tatsache, dass es nie an Kopien für den Vorarbeiter und den Lehrling zum Anfertigen mangelte. Statt Auszüge aus seinem Austausch zu machen, schickte der Herausgeber drei Bücher an die Redaktion, aus denen Auszüge ausgewählt werden konnten. Diese Bücher waren *Lacon* , Percys *Anekdoten* und Rochefoucaulds *Maximen* . Dann gab es wöchentliche Briefe der Armee in Virginia und freiwillige Beiträge vieler ehrgeiziger Schriftsteller. Ein Teil der Kriegskorrespondenz war sehr düster, denn im Laufe der Monate berichtete sie vom Tod sehr vieler junger Männer, die Joe gekannt hatte, und die meisten von ihnen waren sehr freundlich zu ihm gewesen.

Die Tage in der Druckerei wären für Joe sehr einsam gewesen, aber der Hain, der sie umgab, war voller grauer Eichhörnchen. Diese waren so lange ungestört geblieben, dass sie vergleichsweise zahm waren. Sie hatten die Angewohnheit, wie kleine Kinder über das Dach des Büros zu rennen und Verstecken zu spielen. Auch auf das Dach brachten die Blauhäher ihre Eicheln und hämmerten in lautester Weise auf die harten Muscheln, und einmal wagte sich ein Rotfuchs an Joes Fenster heran, wo er lauschte und die Luft schnüffelte, bis ein Geräusch entstand er verschwindet wie ein Blitz. Am interessantesten war, dass ein Rebhuhn und sein Gefährte ihr Nest nur wenige Meter vom Fenster entfernt bauten, und es kam oft vor, dass Joe seine Arbeit, die Vögel zu beobachten, vernachlässigte. Sie bogen das hohe Gras vorsichtig von beiden Seiten um, bis ein kleiner Tunnel von drei bis vier

Fuß Länge entstanden war. Als dies erledigt war, ging Mrs. Partridge bis zum Ende und begann zu kratzen und zu flattern, so wie es eine Henne tut, wenn sie ein Staubbad nimmt. Sie war dabei, ihr Nest auszuhöhlen. Als das Nest fertiggestellt war, war der Grasbogen, der es versteckt hatte, erheblich durcheinander geraten. Dann saß Mrs. Partridge ruhig auf der kleinen Mulde, die sie geschaffen hatte, während Mr. Partridge den Torbogen über ihr wieder aufbaute, bis sie vollständig verborgen war. Dabei war er sehr vorsichtig. Häufig ging er ein Stück weg, drehte sich um und betrachtete das Nest. Wenn seine scharfen Augen etwas Verdächtiges entdecken könnten, würde er zurückkehren und das Gras enger zusammenflechten. Schließlich schien er mit seiner Arbeit zufrieden zu sein. Er schüttelte die Flügel und begann sich zu putzen, dann kam Mrs. Partridge heraus und gesellte sich zu ihm. Sie berieten sich mit seltsamen kleinen Enten und rannten schließlich ins Unterholz, als wären sie auf einen Ausflug aus.

Die Arbeit von Mr. und Mrs. Partridge war so gut gemacht, dass es Joe sehr schwer fiel, das Nest zu entdecken, als er das Büro verließ. Von seinem Fenster aus wusste er, wo es war, aber als er hinausging, um es im Freien zu suchen, schien es verschwunden zu sein, so geschickt war es versteckt worden; und er wäre gezwungen gewesen, sehr sorgfältig danach zu suchen, wenn Mrs. Partridge nicht, als sie sich gestört fühlte, aus dem kleinen Grastunnel stürzte und sich Joe zu Füßen warf, herumflatterte, als wäre sie verzweifelt verwundet, und seltsame kleine Schreie ausstieß der Not. Einmal berührte sie tatsächlich seine Füße mit ihren Flügeln, doch als er sich bückte, um sie hochzuheben, gelang es ihr, davonzuflattern, knapp außer Reichweite seiner Hand. Joe folgte Mrs. Partridge ein Stück weit und stellte fest, dass sich ihr Zustand umso besser verbesserte, je weiter sie ihn von ihrem Nest wegführte, bis sie schließlich in die Segge rannte und verschwand. Joe konnte nie jemanden finden, der ihm sagen konnte, woher Mrs. Partridge wusste, welche Streiche ein schwer verwundeter Vogel machen würde. Ihm wurde gesagt, dass es das Ergebnis eines Instinkts sei. Die Wissenschaftler sagen jedoch, dass der Instinkt das Ergebnis der Notwendigkeit ist; Aber es scheint kaum zu glauben, dass Frau Partridge aus Not so genaue Kenntnisse über die Bewegungen eines verwundeten Vogels hätte erlangen können.

Beim Transport der Korrekturabzüge von der Druckerei zum Herausgeber machte Joe Maxwell zwei Entdeckungen, die er für sehr wichtig hielt. Zum einen stand ihm eine große Bibliothek mit den besten Büchern zur Verfügung, zum anderen befand sich auf der Plantage ein Rudel gut ausgebildeter Geländeläufer. Er liebte Bücher und er liebte Hunde, und wenn man ihn gebeten hätte, sich zwischen der Bibliothek und den Geländeläufern zu entscheiden , hätte er lange gezögert. Die Bücher waren zahlreicher — es waren fast zweitausend , während es nur fünf Weihen gab —, aber in vielerlei Hinsicht waren die Hunde die lebhaftesten. Glücklicherweise musste Joe keine Wahl treffen. Am späten Nachmittag hatte er die Hunde für sich und abends die Bücher, und er machte das Beste aus beidem. Darüber hinaus profitierte er von der Kultur des Herausgebers von *The Countryman* und von der weltlichen Erfahrung des Druckers Mr. Snelson.

Für Joe Maxwell, dem es leider an Menschenkenntnis mangelt, schien Mr. Snelson der engagierteste Mann zu sein. Er war das Echo und Sprachrohr einer Welt, von der der Jugendliche gehört, aber nie gesehen hatte, und es gefiel ihm, dem genialen Drucker zuzuhören, wie er seine Erfahrungen wiedergab, von Belfast, Irland, wo er geboren wurde, bis hin zu allen Ecken und Winkeln Ecken der Vereinigten Staaten, einschließlich der kleinen Siedlung, in der die Plantagenzeitung veröffentlicht wurde. Mr. Snelson war ein Landstreicher und beinahe ein Tragiker gewesen, und er freute sich bei vielen Gelegenheiten, seinem kleinen Lehrling einen Vorgeschmack auf seine Schauspielkunst zu geben. Er stopfte ein Kissen unter seinen Mantel und las aus Richard III. oder wickelte die Mantille seiner Frau um sich und spielte Hamlet.

Mr. Snelson as Richard III.

Wenn er die Bühne satt hatte, räusperte er sich und spielte einige der alten Balladen, die er wirklich sehr süß sang.

Eines Abends, nachdem das kleine Familienkonzert zu Ende war und Joe im Schein des Tannenholzfeuers ein Buch las, war im Hühnerstall, der etwas entfernt von der Behausung lag, großes Getümmel zu hören.

„Lauf, John", rief Frau Snelson; „Ich weiß nur, dass jemand meine Dominicer-Henne und ihre Hühner stiehlt. Laufen!"

„Lassen Sie den Jungen gehen", sagte Mr. Snelson freundlich. „Er ist jung und flink, und wer auch immer da ist, er wird sie fangen . – Lauf, Junge! Und wenn du Hilfe brauchst, erhebe deine Stimme und ich werde direkt bei dir sein."

Die Wohnung, die Mr. Snelson bewohnte, lag mitten in einem dichten Wald, und nachts, wenn kein Mond schien, war es draußen sehr dunkel; aber Joe Maxwell hatte keine Angst vor der Dunkelheit. Er sprang von der Tür und hatte den Hühnerstall erreicht, als die Hühner aufhörten zu gackern und zu flattern. Es war zu dunkel, um etwas zu sehen, aber Joe tastete sich herum und legte seine Hand auf Jemanden.

Seine Empfindungen wären schwer zu beschreiben. Sein Herz schien bis zum Hals zu springen, und er spürte, wie ein Schauer ihn von Kopf bis Fuß durchströmte. Es war keine Angst, denn er wandte sich nicht um und floh. Er legte seine Hand erneut auf den Jemand und fragte:

"Wer bist du?"

Was auch immer es war, zitterte am heftigsten und die Antwort kam mit schwacher, zitternder Stimme und in Form einer weiteren Frage:

„ Ist dieser kleine Mann in der Zeitungsabteilung beschäftigt ?"

"Ja; Wer bist du und was machst du hier?"

„Ich heiße Mink, also , und ich gehöre zu Marse Tom Gaither. Ich bin weggelaufen und habe es erwischt hungrig Das sieht so aus , als ob ich blute Bring mir ein Huhn. Ich bin fast am Verhungern, na ja . Ich wünschte , Sie würden mir bitte diese Zeit entschuldigen ."

„Warum bist du nicht losgelaufen, als du mich kommen hörtest?" fragte Joe, der bereit war, die Sache aus praktischer Sicht zu betrachten.

„Du wuz Das ist leichtfüßig, na ja , da höre ich dich nicht , und außerdem habe ich meinen ganzen Schwanz in die Schüssel gesteckt , und du wärst direkt auf mir, damit ich es schon hinbekomme."

„Warum bleibst du nicht zu Hause?" fragte Joe.

„Sie behandeln mich nicht richtig " , sagte der Neger schlicht. Der Tonfall seiner Stimme war überzeugender, als es jedes Argument hätte sein können.

„Kannst du deine Hand aus dem Spalt bekommen?" fragte Joe.

„Herr, ja, ja ; Ich hätte es jetzt schon rausgeholt , aber als du mich so schnell anstarrst , waren alle meine Sinne außer Kontrolle skeered raus aus mir."

„Nun", sagte Joe, „nimm deine Hand raus und bleib hier, bis ich zurückkomme, und ich hole dir etwas zu essen."

„ Das bist du nicht Du täuschst mich, nicht wahr, kleiner Mistkerl ?"

„Sehe ich aus, als würde ich dich täuschen?" sagte Joe verächtlich.

„Ich kann dich nicht deutlich sehen, ja ", sagte der Neger und holte tief Luft, „aber du redest nicht so."

„Nun, nimm deine Hand los und warte."

Als Joe sich umdrehte, um zum Haus zu gehen, sah er Mr. Snelson in der Tür stehen.

„Es ist alles in Ordnung, Sir", sagte der Junge. „Keines der Hühner ist weg."

„Viel Aufhebens und keine Federn", sagte Herr Snelson. „Ich bezweifle, aber es war ein Nerz."

„Ja", sagte Joe lachend. „Es muss ein Nerz gewesen sein, und ich werde ihm einen Köder auslegen."

„In all dieser Dunkelheit?" fragte den Drucker. „Na ja, ich könnte in der Tür stehen und sie mit meinen Zähnen zertreten."

„Warum, ja", antwortete Joe. „Ich nehme Kekse und ein Stück Maisbrot und verteile sie im Hühnerstall. Wenn der Nerz zurückkommt, holt er sich das Brot und lässt die Hühner in Ruhe."

"Hauptstadt!" rief Mr. Snelson und klopfte Joe auf die Schulter. „Ich sage hier zu meiner Mutter: ‚So sicher du zum Sterben geboren bist, alte Frau, dass B'y das Zeug in sich hat , aus dem sie Männer machen.' Ich habe ihnen genau diese Worte gesagt. Nicht wahr, Mutter?"

Joe holte drei Kekse und eine Scheibe Maisbrot und trug sie zu Mink. Der Neger hatte seine Hand befreit und ragte in der Dunkelheit auf, groß wie ein Riese.

„Du scheinst so groß wie ein Pferd zu sein", sagte Joe.

„ Danke , kleiner Mistkerl , danke . " Ja, na ja , ich bin ein mächtiger, kräftiger Nigger, und zwar verdammt Der Herr würde den Aufseher dazu bringen , mich allein zu lassen, ich würde eine gewaltige gute Arbeit leisten, und ich würde es lieber tun, als würde ich mich im Sumpf verstecken, wie irgendein Raubtier . Gute Nacht, kleiner Mistkerl .

Mink.

"Gute Nacht!" sagte Joe.

„Gott segne dich, kleiner Mistkerl !" rief Mink, als er in der Dunkelheit verschwand.

In dieser Nacht kam in Joe Maxwells Träumen die Stimme des Flüchtlings zu ihm zurück und rief: „Gott segne dich, kleiner Kerl !"

Aber es waren nicht nur Träume, in denen Mink zu Joe zurückkehrte. Der Neger spielte in mehr als einer Hinsicht eine wichtige Rolle im Leben des Jungen auf der Plantage. Eines Abends gegen Einbruch der Dunkelheit, als Joe nach Hause ging und einen „Beinahe-Schnitt" durch die Bermuda-Weide machte, tauchte vor ihm eine große Gestalt auf, die sich am Himmel abzeichnete.

„Hallo, kleiner Mistkerl ! „ Niemand außer Mink kann es verderben ." Ich komme, um dir das zu sagen Wenn Sie etwas außerhalb des Waldes wollen , senden Sie mir eine Nachricht von Harbert. Ich habe jetzt ein paar Pa'tridge -Eier hier. Deyer in einem Lumpen gefesselt, aber das tut nicht weh, ähm. Wenn du deine Tasche ausbreitest, stecke ich etwas hinein."

„Bist du noch nicht nach Hause gegangen?" fragte Joe, während er ihm sein Taschentuch hinhielt.

„Herr, nein, suh !" rief der Neger aus. „Die Jungs sagen , dass der Aufseher sagt, dass er mit einer Keule auf Mink wartet . "

Es gab vier Dutzend dieser Eier, und Joe und Mr. Snelson haben sie sehr genossen.

Von diesem Zeitpunkt an hielt Joe Maxwell auf die eine oder andere Weise Kontakt zu Mink. Der Junge war noch nicht zu jung, um zu bemerken, dass die Neger auf der Plantage ihn mit mehr Rücksichtnahme behandelten, als sie anderen Weißen mit Ausnahme ihres Herrn entgegenbrachten. Es gab nichts, was sie nicht zu jeder Tages- und Nachtzeit für ihn tun würden. Das Geheimnis dahinter wurde von Harbert erklärt , dem Alleskönner rund um das „große Haus".

„Marse Joe", sagte Harbert eines Tages, „ich wuz Ich war lange auf der Straße, in der Euternacht, und ich traf einen großen Nigger. Dein Niggermann hat mich angehalten und mich aufgehalten, und er hat gesagt : „Das ist ein kleiner weißer Junge bei dir, und ich möchte, dass du ihn im Auge behältst , wenn er sagt: „Komm. " „Du kommst, und wenn er sagt: Geh, gehst du." Ich sagte : „Hey, großer Nigger!" Was ist los?' Und er antwortete : „Ich habe es dir gesagt, und das tue ich auch nicht. " gwine sag dir nein mo '. Also , du hast es verstanden, Marse Joe, und so ist es.

Und so kam es, dass diese Neger, so bescheiden sie auch waren, es in ihrer Macht hatten, so manche schwierige Situation in Joe Maxwells Leben zu glätten. Die Negerfrauen kümmerten sich mit fast mütterlicher Fürsorge um ihn und verfolgten ihn mit Freundlichkeit, während die Männer immer bereit waren, zu seinem Vergnügen beizutragen.

KAPITEL III
EINEN AUSRÜHRENDEN AUFFOLGEN

Eines Sonntagmorgens, nicht lange nach Joes Abenteuer mit Mink, kam Harbert mit ernstem Gesicht zu ihm.

„Marse Joe", sagte er, „ dey er gwine. " Ter ketch Mink dis time."

"Woher weißt du das?"

„Kaze, bald morgens , während ich die Schweine füttere , säe ich einen der Gaither-Jungs, die mit Peitsche und Sporen die Straße entlangkommen, und ich erhaue sie An den Kais weint er , und er sagt , er weine gegen Bill Locke und seine Niggerhunde. Er weiß nicht , was er weiß Wo Mink bin am Freitagabend war, und das Wein Er hat die Hunde auf seine Fährte geschickt und ihn geketcht . Das werden sie Ich werde noch einen schrecklichen Weg zurücklegen .

Der Junge hatte viele Fuchsjagden miterlebt und Hunderte Male Kaninchen gejagt, nicht nur mit den Weihen, sondern auch mit Jagdhunden; Aber er hatte noch nie gesehen, wie ein entlaufener Neger gejagt wurde, und er hatte die Neugier eines Jungen in dieser Angelegenheit sowie ein persönliches Interesse am Schicksal von Mink. Also bestieg er sein Pferd und wartete auf die Rückkehr von Mr. Locke und dem jungen Gaither. Er kannte Bill Locke gut, da er ihn oft in Hillsborough gesehen hatte. Herr Locke war Aufseher gewesen, aber er sparte Geld, kaufte zwei oder drei Neger und besaß eine eigene kleine Farm. Als Negerjäger genoss er einen guten Ruf, vor allem weil die Jagd auf Ausreißer zu seinem Geschäft gehörte. Seine beiden Hunde, Music und Sound, waren im ganzen Land bekannt und sie waren der Schrecken der Neger, nicht weil sie wild oder gefährlich waren, sondern wegen ihrer Scharfsinnigkeit. Sound war ein kleiner brauner Hund, nicht größer als ein Beagle, aber er hatte eine solche Geruchskraft, dass die Neger ihn mit abergläubischer Ehrfurcht betrachteten. Er hatte eine sogenannte „kalte Nase", was eine Kurzform dafür ist, dass er einem Geruch folgen konnte, der sechsunddreißig Stunden alt war, und dennoch war er ein sehr schäbig aussehender Hund.

Als Locke und der junge Gaither vorbeiritten, gesellte sich Joe Maxwell zu ihnen, und seine Gesellschaft schien sehr willkommen zu sein, besonders für den Gaither-Jungen, der die Angelegenheit als Spaß betrachtete. Mr. Locke war ein Mann mit sehr wenigen Worten. Sein Gesicht war dunkel und fahl und seine Augen waren eingefallen. Sein Hals war lang und dünn, und Joe bemerkte, dass sein „Adamsapfel" ungewöhnlich groß war. Wie die Neger sagten, „bevorzugten" sich Mr. Locke und seine Hunde gegenseitig. Er war klein und mickrig, und seine Hunde waren klein und dürr.

„Glaubst du, du wirst Mink fangen?“ fragte Joe. Mr. Locke sah den Jungen fast mitleidig an und lächelte.

seit Freitagmittag bei Verstand ist .“ Wir kriegen ihn, wenn er keine Flügel bekommt. Ich verlange nur von ihm, dass er irgendwo auf dem Boden bleibt , und dann gehört er mir.“

„Warum ist der Neger weggelaufen?“ sagte Joe zu dem jungen Gaither.

„Oh, er kommt mit dem Aufseher nicht klar. Und ich gebe ihm nicht viel Vorwurf. Ich habe Papa heute Morgen gesagt, dass ich jedes Mal Mink nehmen würde, wenn ich mich zwischen Mink und Bill Davidson entscheiden müsste . Aber das Problem mit Pap ist, dass er alt wird und denkt, dass er ohne einen Aufseher nicht auskommt, und Aufseher sind jetzt sehr schwer zu bekommen. Ich sage Ihnen jetzt, wenn ich erwachsen bin , werde ich nicht zulassen, dass irgendein Aufseher meine Nigger herumtreibt.“

Mr. Locke sagte nichts, aber Joe unterstützte herzlich die Ansichten des jungen Gaither.

Als sie am Gaither-Haus ankamen, bat Mr. Locke darum, ihm das Haus gezeigt zu bekommen, in dem Mink gewohnt hatte. Dann verlangte er die Decken, auf denen der Neger geschlafen hatte. Diese konnten nicht gefunden werden. Nun, ein alter Mantel würde genügen – alles, was der Neger getragen oder berührt hatte. Schließlich wurde eine schmutzige, fettige Tüte gefunden, in der Mink sein Abendessen auf das Feld getragen hatte. „Das würde genügen“, sagte Mr. Locke, nahm es in die Hand, rief seine Hunde und hielt es ihnen hin. Der Klang hat es genauer gerochen als die Musik.

„Also“, sagte Mr. Locke, „ wo war denn sein Samen? Letzten Freitagabend im Schweinestall? Also gut, wir fahren dort herum und schicken ihm freundlicherweise eine Nachricht.“

Joe war an all dem sehr interessiert und beobachtete Mr. Locke und seine Hunde sehr genau. Als sie am Schweinestall ankamen, stieg der Negerjäger ab und untersuchte den Boden. Dann sprach er mit seinen Hunden.

"Klang!" Er rief scharf: „Was machst du? Schauen Sie sich um. – Musik! Wofür bist du hier?"

Der schäbige kleine Hund schien sich plötzlich verwandelt zu haben. Er umkreiste schnell den Schweinestall und entfernte sich jedes Mal immer weiter. Mr. Locke ließ den Hund nie aus den Augen.

„Es ist kalt – sehr kalt“, sagte er plötzlich. Dann sprach er erneut mit dem Hund. "Klang! Kommen Sie her, Herr! Jetzt geht es ans Stricken! Komm, leg dich nieder! Probieren Sie es aus , alter Kerl! Probieren Sie sie aus !“

So ermutigt ging der Hund mit der Nase am Boden vorsichtig um den Schweinestall herum. An einer Stelle hielt er inne, fuhr fort und kam dann darauf zurück. Diese Aktion wiederholte er mehrmals und begann dann, sich sehr langsam und vorsichtig auf ein altes Feld zuzuarbeiten.

„Nun, Sir“, sagte Mr. Locke und seufzte erleichtert, „ich dachte, der Fall sei erledigt, aber der Nigger war hier und wir haben ihn.“

„Vielleicht verfolgt der Hund jemand anderen“, schlug Joe Maxwell vor.

Mr. Locke lachte leise und mitleidig. „Warum, ich sage dir was, Kumpel“, rief er, „wenn alle Nigger des Landes hier herumgetrampelt wären, würde dieser Hund keinen einzigen von ihnen aufspüren, außer den besonderen Nigger, den wir jagen.“ Schauen Sie sich diesen Welpen an, wie er arbeitet!“

Und es war wirklich ein interessanter, wenn nicht sogar schöner Anblick zu sehen, wie der Hund das Geruchsgewirr entwirrte. Mehr als einmal schien er mit sich selbst unzufrieden zu sein und machte kleine Ausflüge auf der Suche nach einem frischeren Schothorn, aber er kehrte immer zu der Stelle zurück, an der er aufgehört hatte, nahm den schwachen Geruchsfaden auf und trug ihn weiter vom Schwein weg. Stift. Die Geduld und der Fleiß des Hundes waren wunderbar. Mr. Locke selbst war geduldig. Er ermutigte den Hund mit seiner Stimme, machte aber keine Anstalten, ihn weiterzudrängen.

„Es ist kälter als ein Grabstein“, sagte Mr. Locke schließlich. „Es ist schon lange her, dass der Nigger hier herumgelaufen ist. Und der Boden ist hoch und trocken. Wenn wir den Weg bis zum Ast da drüben schaffen, ist er unser Fleisch. – Versuch es mal , Sound! Versuchen Sie es mit „ im .“

Nach und nach löste der Hund das Problem der Spur. Er ging über den Hügel, in vielen Wendungen und Wendungen , bis er schließlich auf den Weg traf, der vom Negerquartier zur Quelle führte, wo die Wäsche gewaschen wurde. Den Weg entlang rannte der Hund, ohne sich herabzulassen, seine Nase auf den Boden zu legen. An der Filiale schlürfte er seinen Schluck Wasser und widmete sich dann wieder seinem Problem. Ein halbes Dutzend Waschtöpfe waren verstreut, und unter dem größten schwelte ein Feuer. Auf einer Bank standen nebeneinander drei Wannen, und an dieser Bank nahm Sound die Spur wieder auf. Offensichtlich hatte Mink eine Pause gemacht, um mit der Frau zu plaudern, die gerade wusch. Der Boden war feucht und der Hund hatte kaum Probleme. Als er die Spur wiedererlangte, drückte er seine Befriedigung durch ein leises Wimmern aus. Der Weg führte den Quellzweig hinunter und in eine Plantagenstraße, dann über einen Zaun und über „neues Gelände“, bis er auf einen Nebenweg traf, der zu einer Laube in der Nähe einer Kirche führte, wo die Neger ein Erweckungstreffen abgehalten hatten. Zu diesem Zeitpunkt gab es ein weiteres Problem für den Hund. Einhundert oder zwei Neger hatten sich hier versammelt, und es war offensichtlich, dass Mink einer von ihnen gewesen war , der sich unter die anderen mischte und mit ihnen umherging.

Der junge Gaither machte Mr. Locke darauf aufmerksam. „Von hier auf der Welt wirst du nie die Spur wegbekommen", sagte er. „Warum nimmst du nicht den Hund und kreist mit ihm umher?"

„Dieser Hund", sagte Mr. Locke und beobachtete den Hund besorgt, „hat seine eigenen Vorstellungen, und er wird sie zwangsläufig in die Tat umsetzen . " Er lässt sich nicht täuschen. Sag nichts. Bleiben Sie einfach stehen und beobachten Sie ihn. Er war schon an schlimmeren Orten als hier."

Aber es war eine mühsame Aufgabe, die der Hund vor sich hatte. Er schlängelte sich in den Labyrinthen eines unsichtbaren Labyrinths hin und her, drehte sich und drehte sich, bald langsam, bald schneller, und verfolgte mit zielsicherer Nase die Fußstapfen des Ausreißers, und als er der Spur von der Kirche weg gefolgt war, ging er mit einem flottes Tempo, und sein Wimmern hatte sich in ein gelegentliches Jaulen verwandelt. Mr. Locke, der bis zu diesem Zeitpunkt sein Pferd geführt hatte, zog nun seinen Mantel aus, faltete ihn sorgfältig zusammen und legte ihn auf seinen Sattel. Dann bestieg er sein Pferd wieder und trottete mit Gaither und Joe Maxwell hinter seinem Hund her.

Mink muss auf dem Weg verweilt haben, denn eine Viertelmeile weiter schloss sich Music Sound bei seiner Arbeit an, und die beiden Hunde schritten fröhlich voran, ihre sanften Stimmen erweckten hunderte Echos in den alten roten Hügeln.

Eine Meile weiter blieben die Hunde an einem Baum stehen, wo es Spuren von Feuer gab. Überall lagen Reste von Süßkartoffelschalen und Brot.

„Hier hat der Herr letzte Nacht übernachtet", sagte Mr. Locke; und es muss wahr gewesen sein, denn Sound machte mit dem Kopf in der Luft einen Halbkreis, nahm eine wärmere Spur auf, und die beiden Hunde flogen davon wie der Wind. Joe Maxwell zeigte großes Interesse. Das Pferd, auf dem er ritt, war flink und wild, und er konnte sich leicht von den anderen lösen. Weder Gräben noch Schluchten waren ihm im Weg, und in der Aufregung schien ein Zaun aus sechs Stangen kein Hindernis zu sein. Mr. Locke rief Joe etwas zu, wahrscheinlich eine Warnung, aber die Bedeutung drang nicht an die Ohren des Jungen. Butterfly kämpfte um seinen Kopf und bekam ihn, und im Handumdrehen trug er seinen Reiter außer Hörweite seiner Gefährten.

Die Hunde waren ein wenig nach links abgebogen und steuerten direkt auf den Fluss zu – den Oconee. Butterfly lief auf eine Plantagenstraße und hätte sie überqueren wollen, aber Joe hielt ihn daran fest und stellte bald fest, dass er den Hunden aufholte. Aus leicht unterschiedlichen Richtungen schienen die Hunde und das Pferd auf den gleichen Punkt zuzusteuern – und dieser Punkt war, wie sich herausstellte, die Plantagenfähre, wo ein Boot lag. Joe Maxwell erreichte die Spitze des Hügels mit Blick auf den Fluss, als die Hunde die Fähre erreichten. Hier zog er die Zügel und sah sich um. Die Hunde liefen bellend und heulend am Flussufer umher. Sound ging ins Wasser, aber als er feststellte, dass er nach unten trieb, anstatt hinüberzugehen, machte er sich auf den Weg nach draußen und schüttelte sich, bellte aber trotzdem weiter. Eine Viertelmeile entfernt gab es eine große Flussbiegung. Weit unten in dieser Kurve konnte Joe ein Boot treiben sehen. Als er es betrachtete, kam ihm der Gedanke, dass es nicht so leicht im Wasser lag, wie es ein leeres Boot tun sollte. „Angenommen", fragte er sich lachend – „ angenommen, Mink wäre auf dem Boden dieses Bootes?"

Er verwarf den Gedanken, als Mr. Locke und der junge Gaither auftauchten.

„Das ist ein donnerndes, glitschiges Pferd, das Sie reiten", sagte Mr. Locke. „Er würde bei einer Fuchsjagd gute Arbeit leisten. Wo ist der Nigger?"

„Die Hunde können dir mehr darüber erzählen als ich", sagte Joe.

„Nun", bemerkte Mr. Locke mit einem Seufzer,

„Ich wusste , dass ich ihn vermissen würde, wenn er jemals hier zur Fähre käme und das Boot auf dieser Seite finden würde. Verdammt, seine schwarze Haut!" rief der Negerjäger vehement aus, als er den Fluss hinunterblickte und das Boot in der Ferne davontreiben sah, „er ist gegangen und hat das Boot losgelassen!" Das zeigt , dass wir sehr nahe dran waren . Ich schätze, du könntest einen 'Samen' machen , wenn du beim ersten Auftauchen genau hingesehen hättest."

„Nein", antwortete Joe; „Er war außer Sichtweite und das Boot trieb um den Ellbogen herum. Du warst nicht mehr als fünf Minuten hinter mir."

„Gott sei Dank, Kumpel", rief Mr. Locke, „fünf Minuten sind eine sehr lange Zeit, wenn man versucht, einen Ausreißer zu fangen."

Damit endete das Rennen nach Mink. Für Joe Maxwell war es sowohl interessant als auch lehrreich. Er war ein großer Liebhaber von Hunden, und die wunderbare Leistung von Sound hatte ihm neue Vorstellungen von ihrer Klugheit gegeben.

Ein paar Morgen nach dem erfolglosen Versuch, Mink zu fangen, geschah etwas sehr Seltsames. Harbert fegte gerade die Druckerei aus und hob die

Schrift auf, die auf den Boden gefallen war, und Joe bereitete sich darauf vor, mit der Arbeit des Tages zu beginnen. Plötzlich sprach Harbert:

Joe ", sagte er, „wenn Sie am Sonntag auf dem Fluss auslaufen , sehen Sie dann zufällig ein Boot herumtreiben ?"

Joe blickte Harbert an und suchte nach einer Erklärung für die besondere Frage, aber der Neger tat so, als sei er eifrig damit beschäftigt, Papierfetzen aufzusammeln.

„Ja", sagte Joe nach einer Pause, „ich sah ein Boot den Fluss hinuntertreiben. Was ist damit?"

„Nun, na ja , ich habe Ef de Trufe gespuckt waz Ter git raus, dat dey Wuz, ein alter Bekannter in diesem Boot, und ich wette, ein Thrip dat Wenn du „Howdy" gerufen hättest, hätten sie „Howdy" zurückgerufen."

Harbert war immer noch zu beschäftigt, um aufzuschauen.

„Fahren Sie mit dem lustigsten Boot, das mir je begegnet ist", fuhr er fort, „ Ach wein schwebt lange von selbst nach unten und schwebt obendrein wieder lange zurück . "

„Woher wissen Sie von dem Bateau?"

„Während du lange unterwegs bist, Marse Joe", sagte Harbert und tat immer noch so, als würde er den Müll im Zimmer einsammeln, „wirst du nicht nie all diese kleinen Vögel zwischen den Büschen fliegen sehen ?" « »Langer Zaun? Nun ja , diese kleinen Vögel erzählen die meisten Geschichten Wenn du ihnen genau zuhörst, dann alles Ihre Papiere, was Sie drucken möchten . Sie sind mächtige Cu'us , und sie sind mächtige List . Sie haben mir viel Zeit und Mühe erwiesen. Sie sagen , dass der junge Gaither-Junge Marse Tom Clemmons gesagt hat, dass jemand gegangen ist und das Boot auf der Fähre gestohlen hat, aber als Marse Tom hinausgeht, um sich sein Boot anzusehen , ist sie genau dort, wo er gegangen ist ' 'ähm. Nun, wie zählst du dat ?"

„Dann, Mink –"

„Waschbär und Opossum!" unterbrach Harbert, als Mr. Snelson in der Tür erschien.

„Opossum, das ist es!"" rief dieser freundliche Herr aus. „Ob in der Saison oder außerhalb der Saison, ich werde es niemals ablehnen."

„Nun ja ", sagte Harbert, „ wir werden nicht reden ." Wenn ich auf 'Possum' falle, blute ich , wenn ich Leute über ' Possum'- Hit reden höre , bringe ich mich dazu, über den Mouf zu dribbeln ." Der Neger lachte laut.

KAPITEL IV
SCHATTEN DES KRIEGES

Mit den Büchern in der Bibliothek und dem Leben im Freien an den Nachmittagen wuchs Joe Maxwell sein neues Zuhause sehr ans Herz. Seine Arbeit in der Druckerei war keine Aufgabe, sondern eine Freude. Er entwickelte sich zu einem Experten im Schriftsatz und erntete uneingeschränktes Lob von Herrn Snelson. Manchmal schrieb er selbst kleine Absätze, in denen er sie „The Countryman's Devil" zuschrieb, und der Herausgeber war so freundlich, keine Einwände zu erheben, und diese Tatsache war für den Jungen, der von Natur aus schüchtern und einfühlsam war, sehr ermutigend.

Im Turner-Haus waren nur die Echos des Krieges zu hören; Aber als der Redakteur aus Hillsborough mit einer sehr traurigen Nachricht für eine Dame zurückkkam, die mit ihrem Vater in der Nähe *des Countryman- Büros lebte, war* ihr Mann in einer der großen Schlachten getötet worden, und sie schrie, als der Redakteur ihr davon erzählte, und das Die Schreie ihrer kleinen Tochter verfolgten Joe Maxwell viele Tage lang. Manchmal lag er nachts wach und dachte darüber nach, und aus der Dunkelheit schien es ihm, als könnte er eine düstere Fata Morgana des Krieges erschaffen, die wie ein unheilvoller Schatten verschwand und wieder auftauchte und die Menschen verschlang.

Der Krieg war schrecklich genug, so weit er auch entfernt war, aber die Menschen, die zu Hause zurückgelassen wurden – die Frauen und Kinder, die Jungen, die Männer, die davon befreit waren, die Alten und die Gebrechlichen – hatten Angst vor einem noch schrecklicheren Schicksal. Es waren Ängste, die aus dem System der Sklaverei erwuchsen, und sie wuchsen, bis sie zu einer festen Gewohnheit des Geistes wurden. Es waren die Ängste vor einem Negeraufstand. Die Weißen, die zu Hause blieben, wussten, dass es in der Macht der Neger lag, sich zu erheben und in einer Nacht die Stärke und Substanz der Südlichen Konföderation vom Erdboden zu vernichten. Einige der unwissenderen Weißen lebten in ständiger Angst.

Einmal wurde geflüstert, dass die Schwarzen sich auf einen Aufstand vorbereiteten, und die Ängste der Menschen waren so bereit, das Gerücht zu bestätigen, dass die Plantagen in einen Belagerungszustand versetzt wurden. Die Patrouille – von den Negern „Patterroller" genannt – wurde verdoppelt, und eine Zeit lang wurden die Negerquartiere in allen Teilen des Landes jede Nacht von der Wache besucht. Aber Joe Maxwell bemerkte, dass die Patrouille die Turner-Plantage nie besuchte, und erfuhr später, dass sie gewarnt worden waren. Der Herausgeber von *The Countryman* hatte größtes Vertrauen in seine Neger und ließ nicht zu, dass sie nachts von den

„Patterrollern" gestört wurden. Er lachte über das Gerede über einen Negeraufstand, und es war einer seiner Lieblingsaussprüche, dass die Leute, die ihre Neger richtig behandelten, nichts von ihnen zu befürchten hätten.

Joe returns from a rabbit hunt.

Joe Maxwell hatte keine Zeit, über solche Dinge nachzudenken. Manchmal begleitete er die Patrouille auf ihren fruchtlosen und manchmal törichten Besorgungen, aber seine Neugier in Bezug auf sie wurde bald befriedigt, und er war zufriedener, wenn er seine Abende zu Hause mit seinen Büchern verbrachte oder den wunderbaren Geschichten zuhörte Herr Snelson erzählte es zu seinem Vorteil. Trotz der Tatsache, dass seine Arbeit in der kleinen Druckerei einengend war, schaffte es der Junge, die meiste Zeit draußen zu leben. Er hatte eine Aufgabe zu erledigen – so viele tausend Ems zu setzen – und dann war er für den Tag fertig. Der nachdenkliche Mr. Snelson ergänzte diese Aufgabe von Zeit zu Zeit, aber Joe schaffte es immer, sie zu erledigen, sodass er den größten Teil des Nachmittags für sich allein hatte.

Auf der Plantage gab es einen Hutladen, der von Mr. Wall geleitet wurde, einem seltsamen alten Mann aus North Carolina. Mit der Sparsamkeit seiner Jugend gab Joe dem Vergnügen der Kaninchenjagd eine geschäftliche Wendung. Im Herbst und Winter, wenn die Kaninchen Pelze trugen, konnten ihre Felle im Hutladen für fünfundzwanzig Cent das Dutzend verkauft werden, und die kleinen Weihen waren so fleißig und so gut ausgebildet, dass er manchmal bis zu drei verkaufte Dutzend Felle, eine Woche. Neben der Freude und dem Geld, das er durch den Sport erhielt, interessierte er sich auch sehr für das Hutgeschäft.

Die Hüte wurden so hergestellt wie während der Revolution und zweifellos auch vor der Revolution in England. Die Haare auf den Fellen oder Häuten wurden mit einem Messer in Form eines Schuhmachermessers abgekratzt. Anschließend wurde das Fell mit einer Stahlklinge ohne Griff abgeschnitten. Wenn genug Fell für einen Hut vorhanden war , wurde dieser auf eine Bank oder einen Tresen gelegt. Über der Theke hing ein langer Stab, an dem eine Bogensehne befestigt war. Wenn der Stab gebogen gewesen wäre, hätte er wie ein riesiger Bogen ausgesehen, aber er war gerade und die Rohledersehne hatte etwas Spiel. Mit einem Instrument, das einer langen Spule ähnelte, fing der Hutmacher die Bogensehne auf, zog sie vom Stab weg und ließ sie gegen das Fell schlagen, während sie wieder an ihren Platz sprang. Dieses Auspeitschen wurde sehr schnell durchgeführt und so lange fortgesetzt, bis jedes Fellbüschel auseinandergerissen war. Dann wurde das Fell vorsichtig zu einer sogenannten Fledermaus geschlagen, die etwa die Form eines Stücks Orangenschale hatte. Dann breitete der Hutmacher sorgfältig ein Batisttuch darüber aus, drückte es ein wenig nach unten, ergriff das Tuch in der Mitte zwischen Daumen und Zeigefinger, ließ es in der Luft flirten und hob das Fell und alles an. Für Joe Maxwell schien es ein Zaubertrick zu sein.

Anschließend wurde das Tuch mit dem glatt und ordentlich in der Falte liegenden Fellstreifen auf eine Heizbox gelegt und schnell, aber sanft geknetet. Als es zu heiß zu werden schien, wurde es mit Wasser bespritzt. Dieses Kneten wurde fortgesetzt, bis das Fell zusammenschrumpfte. Aus dem Stoff genommen hatte es die Form der Hüte, die die Clowns im Zirkus trugen, und man nannte es Haube. Anschließend wurde die Haube in kochendes Wasser getaucht und mit einem Gerät in Form eines Nudelholzes, das jedoch kleiner war, gepresst und geknetet. Die Arbeiter dieser Abteilung waren verpflichtet, ihre Hände mit Leder an den Handflächen vor dem kochenden Wasser zu schützen. Je mehr die Hauben gerollt und geknetet wurden, desto mehr schrumpften sie, bis sie schließlich bereit waren, auf die Blöcke gelegt zu werden, die ihnen die Hutform gaben. Sie wurden auf diese unterschiedlich großen Blöcke geklebt und in einen Kessel mit kochendem Wasser geworfen, wo man sie bleiben ließ, bis sie nicht mehr schrumpften.

Als nach Kriegsausbruch Hüte knapp wurden, kaufte der Verleger Herrn Walls Beteiligung an der Huthandlung und ernannte ihn zum Vorarbeiter. Ihm wurden mehrere Neger unterstellt, die sich bald zu Experten im Hutmachen entwickelten. Es gab eine große Nachfrage nach den Hüten aus dem gesamten Süden, und einmal verkaufte Joe Maxwell ein Dutzend Wollmützen für 500 Dollar – mit Geld der Konföderierten.

Aber das Interessanteste an dem Laden war, wie Joe fand, der Chefhutmacher Miles Wall, der der seltsamste alte Mann war, den Joe je gesehen hatte. Er war Analphabet – er kannte keinen Buchstaben in dem Buch – und doch war er nicht unwissend. Man hatte ihm die Bibel vorgelesen, bis er sich mit ihren Texten und Lehren vertraut gemacht hatte, und er war immer bereit für einen Streit über Politik oder Religion.

He was always ready for an argument.

„Immer wenn man jemanden über irgendetwas kritisieren hört", pflegte er zu sagen, „darüber, wie es mir geht, wie es meiner Familie geht und ob es mir gesundheitlich gut geht, stellst du dir eine Frage „Sag ähm , dass ich ein Nachul bin." Taufen '. Wenn du das thematisierst und es sagst , werde ich dir sehr viel erwidern . Sag ähm, ich bin ein geborener Mensch Taufen '."

Obwohl Herr Wall weder lesen noch schreiben konnte, empfand Joe Maxwell ihn als einen sehr interessanten Redner. Vielleicht war es seine Unkenntnis von Büchern, die ihn interessant machte. Er war abergläubischer als alle Neger – ein großer Anhänger von Zeichen und Omen. Als Joe ihn eines Abends besuchte, erzählte der alte Mann eine Geschichte, die den Jungen sehr beeindruckte. An der Geschichte war nichts dran, aber Mr. Wall identifizierte sich damit und erzählte sie auf eine Weise, die sie real erscheinen ließ, und es dauerte lange, bis Joe sich von dem Gedanken lösen konnte, dass die Geschichte nicht wahr sei. Wohin auch immer Mr. Wall es hatte, ob er es geträumt oder gehört hatte, es besteht kein Zweifel daran, dass er es wirklich geglaubt hat.

KAPITEL V
HERR WALLS GESCHICHTE

So erzählte er es im Licht eines Tannenholzfeuers, das ein schwankendes und unsicheres Licht über das kleine Zimmer warf:

„Es tut mir schrecklich leid. Tochter ist nicht hier", begann er, „ weil sie wusste, was die Leute so sagen." ez nun ja, das habe ich getan; Sie war immer im Haus und hat geschlafen. Es kam mir in den Sinn, als wir hier saßen und über Geister und dergleichen redeten . Die Tochter hat es satt Ich setze mich mit Frau Clemmons ab , und ich wünschte, sie wäre hier. Sie kannte sie alle .

Sir , es war in Nordkalifornien , direkt neben der Ferginny - Linie, wo wir alle abstammen. Sie waren ein Familienvater mit dem Namen ähm Chambliss – Tom Chambliss und seine Frau – und sie hatten einen Jungen namens John, ungefähr so viel wie ein Kerl , den Sie jemals gesehen haben. Nach einer Weile wurde Miss Chambliss krank und starb. Tom, er trottete geschickt umher , aber es dauerte nicht lange , und er wirbelte wieder herum . Er ist weggegangen, um seine Frau zu holen, Gott weiß wo , und sie war ein Schatz! Sie hat so viel Aufhebens gemacht und ist so weitergegangen, dass Tom getrunken hat und von Dram zu Dram gegangen ist, um zu sagen, dass es ihm nichts ausmacht. Dann nahm sie John , den Jungen, und machte ihm das Leben des Kindes den ganzen Tag und eine halbe Nacht lang zur Hölle .

„Eines Sonntags hat sie alles repariert und ist dann zur Kirche gegangen Sag Johnny, er soll zu Hause bleiben und die Hühner aus dem trüben Fleckchen fernhalten. Sie schloss die Haustür ab, bevor sie ging, und nahm ihm den Schlüssel ab . Es war ziemlich kühl, aber die Sonne schien und Johnny konnte die Kälte nicht verschmerzen . Da war eine große weiße Eiche im Hof, und er kletterte hoch, kletterte auf einen Ast , stieg auf das Dach des Hauses und stieg rittlings auf die Wabe. Er fühlte sich sehr einsam und wusste nicht, was er mit ihm anfangen sollte skacely .

„Ich weiß nicht , wie lange er das tat, aber plötzlich fiel eine große Eichel auf das Dach – *verdammt* ! Es war ziemlich groß und fiel so hart, dass Johnny zusammenzucken musste. Es fiel auf das Dach, ungefähr auf halbem Weg zwischen der Wabe und der Traufe, und als Johnny sich umsah, um zu sehen, was den Grund für die Aufregung verursachte, säte er die Eichel, die nach oben rollte Wohin wollte er ? _ _ Jawohl! Stedder rollte das Dach hinunter und scheiterte auf dem Boden , die Eichel rollte die Schindeln hinauf , als würde sie das Gefälle hinunterrollen. Johnny packte es, als es kam. Er hob es auf, schaute es sich genau an und drehte es dann immer wieder umher , um zu sehen, was für ein freundlicherer Umgang es mit dem den Hügel hinaufgerollten Stedder war rollt bergab . _ Während er die Eichel herumdrehte , entdeckte er ein Wurmloch darin und wollte es gerade aufbrechen , als er jemanden rufen hörte . Es klang wie seine Stiefmutter „Wuz a- callin " „ ich komme von weit weg , Yander ", und er antwortete „Ma'am!" thess Er war so laut, wie er nur konnte, und dann blieb er stehen und lauschte. Bimeby hörte den Ruf erneut und antwortete: „Wer bist du und was bist du?" Damals schien es, als könnte er jemanden über mich lachen hören einige . Diese Geräusche hier brachten mich irgendwie zur Verzweiflung , und er schoss die Eichel vom Dach herunter, als wäre es ein Wunder. Ja, bevor es herunterfallen konnte, schien es, als würde es sich selbst umarmen, und dann rollte es zurück zu Johnny.

„Dieser Sortierer hat Johnny ein gruseligeres Gefühl gegeben. Er wusste sehr wohl, dass er keinen Ladestein in der Tasche hatte, und er konnte weder Kopf noch Schwanz aufbringen, um Gwine anzuzünden. Er hob die Eichel auf, betrachtete sie genauer als je zuvor, drehte sie in der Hand herum und hielt sie direkt an sein Auge. Während er es so hochhielt , hörte er eine kleine Stimme, z. B. eine feine , kambrische Nadel, und es schien, als würde es singen :

„ Ningapie , Ningapie !

Warum hältst du mich in deinem Auge?

Ningapie , Ningapee !

Weißt du nicht, dass du nicht sehen kannst?

Ningapie , Ningapeer !

hältst du mich nicht an dein Ohr?

"He helt the acorn to his ear."

„Johnny wusste nicht, ob er lachen oder weinen sollte, aber er hielt die Eichel an sein Ohr und hörte, wie der andere in seinem Inneren brüllte :

„Warum hältst du nicht mein Haus fest, damit ich aus meinem Fenster reden kann?'

„„Ich sehe kein Fenster', sagt Johnny und zittert ein wenig, weil der Watchermacollum geredet hat, als wäre er verrückt. „Ist das hier ein Wurmloch in deinem Fenster?"

„„ Das ist Tooby Shore', sagen die Whatshisname, ‚es ist mein Fenster und' meine Haustür, und ‚meine Peazzer '."

„„Es ist doch nicht größer als ein Pint einer Stecknadel', sagt Johnny.

„„Aber wenn es nicht groß genug wäre ', sagen die – ähm – Watchermacollum , ‚würde ich es größer machen.'

"'Wie heißt du?' sagt Johnny.

„' Ningapie .'

„„Es ist ein wirklich lustiger Name', sagt Johnny. „Woher kommst du?"

„' Chuckalucker -Stadt.'

„„Das steht im Lied', sagt Johnny.

„Ich auch", sagt Ningapie . „Es steht im Lied. Hast du es nicht noch nie gehört?'

„ Ningapie ! Ningapan !

Er hat den Booger Man getötet!

Ningapie , Ningapitch !

„Er ist derjenige, der eine Hexe tötet."

„Johnny hat sich so sehr auf das Reden und Singen des kleinen Jungen in der Eichel eingelassen , dass er seine Stiefmutter gar nicht hörte, als sie kam, und als er sie hörte, machte er so einen Schrei , dass er zitterte ein Pappelblatt.

"'Achtung!' sagt der kleine Kerl in der Eichel. 'Achtung! Sei immer noch richtig. Beweg dich nicht. Ich möchte dir Sumpin zeigen .

„„Sie wird mich bei lebendigem Leib häuten', sagt Johnny.

„„Warte mal', sagt der kleine Kerl. „Wenn sie dich ruft, bleib ruhig."

„Mis. Chambliss schloss die Tür ab, ging ins Haus und knallte Dinge zu, als wäre sie verrückt geworden. Sie warf die Zange auf den Hut , schleuderte die

Schaufel in eine Ecke und jubelte zurück, als ob sie wuzte Ich versuche , es durch die Wand zu fahren . Dann fing sie an zu murmeln.

„'Ich werde' ich kriegen ! ' Mir wird gesagt , ich soll hier bleiben , und er rennt weg ! Werde ich nicht dafür sorgen, dass ich dafür bezahle?

„„Das bin ich', sagt Johnny, und er redete, als wäre er fast zum Weinen bereit.

„„Thess warte!' sagt der kleine Kerl in der Eichel. „Halten Sie sich ruhig!"

„Bimeby Mis. Chambliss kam aus dem Haus und schaute sich um . Dann rief sie Johnny an. Sie hatte eine Stimme wie ein Esshorn, und man hätte sie vielleicht eine Meile oder länger gehört. Johnny , er schüttelte und zitterte, aber er blieb still. Seine Stiefmutter rief und rief und suchte immer nach Johnny , außer an der richtigen Stelle. Dann ging sie zurück ins Haus und kam bald wieder heraus. Sie hatte einen kleinen Spaten in der einen Hand und eine kleine Schachtel in der anderen.

"'Guck sie an!' sagt der kleine Kerl in der Eichel. „Behalte sie im Auge!"

„Sie ging in den Garten und ging weiter und sagte, sie sei zu einem Mogul-Pflaumenbaum gekommen, und dann kniete sie nieder und begann, die Wurzeln davon auszugraben. Sie grub und grub, und dann stellte sie die Kiste in das Loch und deckte es zu.

"'Oho!' sagt der kleine Kerl in der Eichel. „Jetzt siehst du , wo sie ihr Geld und das Geld deines Vaters versteckt." Jeder glaubt, dein Daddy hätte sein Geld weggeworfen, und dann ist es weg. Ich habe sie schon lange beobachtet .

„' Das bin ich nicht „ Mir geht es ums Geld", sagt Johnny. „Ich denke über die Gebrechlichkeit nach , die mir zu schaffen macht ."

„„Nun', sagt das kleine Kerlchen mit der Eichel, ,wenn sie zur Quelle geht, um einen Eimer Wasser zu holen, steck mich in deine Tasche und kletter von hier herunter. Gehen Sie dann ein Stück die Straße hinauf, und dort sehen Sie eine rote Kuh grasen . Gehen Sie direkt auf sie zu, schlagen Sie ihr auf die Schulter und sagen Sie: „ Ningapie will dich." „Hol sie nach Hause und sag deiner Stiefmutter , dass ein Fremder dir gesagt hat, dass du sie vielleicht haben würdest, wenn du sie holen würdest."

„An Land genug, es dauert nicht mehr lange bis Mis. Chambliss kam aus dem Haus und ging zur Quelle, um einen Eimer Wasser zu holen. Sie hatte ihre Klamotten für Sonntagstreffen ausgezogen und ausgezogen , und in ihrem Kattunkleid sah sie mächtig dürr aus. Es war an der Zeit , dass sie außer Sichtweite war. Johnny steckte die Eichel in die Tasche und kletterte auf den Boden , und dann machte er sich auf den Weg die Straße hinauf, so schnell er konnte. Er hat nicht so viel Fell gemacht, bis er eine rote Kuh gesät hat , die am Straßenrand weidet, und sie war auch eine schöne Kuh, eine fette , eine Butterkugel, und sie sah aus , als ob sie dazu in der Lage wäre denn vier Gallonen Milch pro Tag zu geben und etwas übrig zu lassen für das Kalb, wo auch immer das Kalb sein mag . Als sie Johnny säte , der direkt auf sie zukam , hob sie den Kopf und blies, wie es eine Kuh tun würde, aber sie blieb stehen, sagte Johnny, er solle herkommen, klopfte ihr auf den Rücken und sagte:

„' Ningapie will dich.'

„Dann schüttelte sie den Kopf und trottete Johnny auf den Fersen, und Johnny marschierte die Straße hinunter, voller Stolz sagte er , dass er gerne die Knöpfe von seinem Mantel abreißt . Als er nach Hause kam, war seine Stiefmutter Sie standen am Tor und warteten mit einem Hickoryholz auf ihn , aber als sie die Kuh säte , die lange hinter ihm herlief , vergaß sie ganz und gar die Peitsche , die sie aufgelegt hatte .

„„Warum, Johnny!' Sag sie: „ Wo in aller Welt hast du dir so eine schöne Kuh geschenkt ?"

In seinem Versuch, die Stimme einer Frau nachzuahmen, verzog Mr. Wall seinen Mund und verdrehte ihn so besorgniserregend, dass Joe Maxwell für einen Moment glaubte, der alte Mann würde einen Krampf bekommen. Der Junge lachte so herzlich, als er seinen Fehler herausfand, dass Mr. Wall seinen Versuch, ihn nachzuahmen, wiederholte.

„„Warum, Johnny', sagte sie, , wo in aller Welt hast du dir eine schöne Kuh geschenkt?'

„Johnny, er hat seiner Stiefmutter erzählt , was Ningapie ist Tol ' ' ich zu sagen, ein' der Ole'oman , sie wuz e'en über ez stolz ez Johnny wuz . Sie klopfte der Kuh auf den Rücken, trieb sie kräftig auf , und dann nahm sie sie mit auf den Stall und machte sich bereit, sie zu melken. Johnny spürte, wie die Eichel in seiner Tasche herumhüpfte , dann nahm er sie heraus und hielt sie an sein Ohr.

„„Beobachten Sie sie, wenn sie zum Melken geht', sagt Ningapie .

„Johnny ist über den Zaun geklettert und hat gewartet. Ungefähr zu der Zeit, als seine Stiefmutter anfing, die Kuh gut zu melken, kam ein kleiner schwarzer Hund angerannt, lief durch den Hof und bellte , bereit zum Töten. Als sie es hörte , machte die Kuh einen Satz und klopfte fast an die alte Frau. Chambliss vorbei. Wenn alles ruhig wird, kommt ein großes Rudel Hunde und stürmt umher – Palin ist in vollem Gange, und für Johnny sieht es so aus, als würde die Kuh bald einen Anfall bekommen.

„Als es Nacht wurde", fuhr Mr. Wall fort und warf einen weiteren Tannenzweig ins Feuer, „holte sich Johnny etwas Milch zum Abendessen und ging dann zu Bett. Er hielt die Eichel an sein Ohr, um dem kleinen Kerl gute Nacht zu sagen.

„,Stell mich nicht aufs Regal', sagt Ningapie , ,und' stell mich nicht auf den Boden.'

"'Warum?' sagt Johnny flüsternd.

„' Bekaze , die Ratten könnten mich erwischen', sagt Ningapie .

„,Nun', sagt Johnny, ,ich lasse dich auf meinem Piller schlafen .'

„Irgendwann in der Nacht hatte Johnny das Gefühl, dass ihm ein Gummi über das Fußende seines Bettes lief. Er war in einer Minute hellwach , aber er blieb völlig still, weil er wach war skeer'd . Plötzlich spürte er , wie er auf sein Bett sprang und darüber rannte. Dann kam ihm etwas über Ningapie in den Sinn , und er tastete nach der Eichel, die ihm verriet, dass er es gefunden hatte.

„,Jetzt ist Ihre Zeit', sagt Ningapie . „Steh auf, zieh schnell deine Cloes an und folge dem kleinen schwarzen Hund."

war in drei Schritten mit dem Schwanz fertig und konnte hören, wie der kleine schwarze Hund auf dem Boden herumspielte . Als er anfing, nahm er die Eichel in die Hand . Die Tür öffnete sich, um ihn herauszulassen, und als er herauskam, schoss sie los, und dann trottete der kleine schwarze Hund die große Straße entlang. Es war dunkel, aber die Sterne leuchteten , und Johnny konnte am Himmel (dem Sternbild Orion) erkennen, dass es kurz vor Mitternacht war .

noch kein Fell gemacht, als sie auf ein großes weißes Pferd stießen, das auf der Straße stand, sein Gebiss kaute und auf dem Boden herumscharrte .

„,Besteigt den Hasen', sagt Ningapie .

„Johnny sprang auf den Rücken, und das Pferd galoppierte die Straße entlang. Es dauerte nicht lange, bis Johnny ein Licht auf der Straße erblickte , und als er etwas näher kam, war es mitten auf der Kreuzung. Dort oben brannte ein Feuer, und wer außer seiner Stiefmutter hätte es schon füttern sollen ? Ihr Haar hing herunter , und sie sah aus wie der alte Nick . Sie ging um die Flammen herum, murmelte ein paar nettere Gespräche, machte Bewegungen mit ihren Händen , und da war eine große , große schwarze Katze , die mit ihnen umherging . Sie rieb sich an ihr , und der Schwanz des Geschöpfes schwoll über alle Maßen an.

„,Passen Sie jetzt auf', sagt Ningapie , ,und' halten Sie sich an Ihrem Pferd fest.'

„Er hatte die Worte kaum gesprochen , als ein Rudel Hunde aus dem Haus brach

Hause kam, wartete sein Papa auf ihn, und er sah aus wie ein neuer Mann. Dann gingen sie in den Garten hinunter und fanden dort einen Haufen Gold, verpackt in kleinen Kisten. Zum Glück ist sie nie zurückgekommen. Sie war eine Hexe, eine Ningapie entzauberte sie."

„Und was ist aus der Eichel geworden?" fragte Joe Maxwell.

„Ah, Herr!" sagte Mr. Wall mit einem Seufzer, „Sie wissen, wie Jungs sind. Als es ihm nicht gefiel, brach Johnny es mit einem Hammer auf, um zu sehen, was für eine Kreatur Ningapie war wuz ."

KAPITEL VI
DIE EULE UND DIE VÖGEL

Der Gaither-Junge freundete sich sehr gut mit Joe Maxwell an und er erwies sich als ein sehr angenehmer Begleiter. Er war fünfzehn Jahre alt, sah aber jünger aus, und obwohl er nicht über Bücherkenntnisse verfügte, war er sehr intelligent und hatte sich einen großen Teil des gesunden Wissens angeeignet, das die Natur für diejenigen bereithält, die sie kennenlernen. Er konnte ein wenig lesen und seinen Namen schreiben, worauf er sehr stolz war, wobei er einen Stock als Stift und ein Sandbett als Heft benutzte. Als er durch die Felder oder Wälder ging, blieb er dort stehen, wo der Regen den Sand zusammengespült hatte, und schrieb seinen vollständigen Namen in Buchstaben, die miteinander zu ringen schienen – „ James K. Polk Gaither". Da es in seiner Familie einen weiteren James gab, wurde er Jim-Polk Gaither genannt.

Seine Freundschaft war Joe Maxwell sehr viel wert, denn es gab keinen Vogel im Wald und keinen Baum, dessen Namen und etwas von seinen Besonderheiten er nicht kannte, und er kannte jede Straße und jeden Nebenweg im ganzen Land um. Er wusste, wo die Walderdbeeren, die Chincapins und die Kastanien wuchsen und wo die Muscadines oder, wie er sie nannte, die „Bullaces" am reifsten waren. Die Vögel konnten ihre Nester nicht vor ihm verstecken, und die wilden Tiere konnten ihm nicht entkommen. Er hatte einen zahmen Bussard, der ihm manchmal auf seinen Streifzügen folgte. Er stellte Flughörnchen Fallen und zähmte sie, sobald seine Hände sie berührten. Er ging furchtlos mit Schlangen um, und seine Leistungen mit ihnen verblüfften den Stadtjungen, bis Joe herausfand, dass die Schlangen nicht zu den giftigen Schlangen gehörten. Beim Umgang mit Hochland-Mokassins und dem Ausbreiten von Kreuzottern beschränkte sich Jim-Polks Kunststück darauf, sie beim Laufen am Schwanz zu packen und ihnen die Köpfe abzubrechen. Wenn er auf diese Weise einen tötete , hängte er ihn an einen Busch oder Baum, um, wie er sagte, Regen zu bringen. Als es nicht regnete, erklärte er, dass eine Schlange, egal wie früh am Morgen sie getötet werde, nie vor Sonnenuntergang sterbe, sie sich winde und krümmte, bis sie von dem Ast oder Busch fiel, an dem sie hing.

Jim-Polk hatte viele Begabungen und Errungenschaften, die Joe Maxwell interessierten. Als die beiden Jungs einmal durch den Wald gingen, sahen sie in einiger Entfernung ein Falkenpärchen. Jim-Polk bedeutete Joe, sich unter einem Weißdornbusch zu verstecken. Dann faltete er sein Taschentuch vor dem Mund und begann ein merkwürdiges Geräusch zu machen – eine Reihe unterdrückter Ausrufe, die wie „ Ho ! " klangen ! Er imitierte den Schrei der Sumpfeule, den Joe Maxwell noch nie gehört hatte. Die Nachahmung muss perfekt gewesen sein, denn sofort herrschte großer Aufruhr im Wald. Die kleineren Vögel flatterten davon und verschwanden; aber die beiden Falken, verstärkt durch einen dritten, kamen mit zerzausten Federn auf den Lärm zugeflogen und schrien vor Empörung. Sie meinten Krieg. Jim-Polk setzte seine gedämpften Schreie fort, bis die Jungen plötzlich in der Ferne eine Krähe krächzen hörten.

„Jetzt wird es Spaß machen", sagte der junge Gaither. „Halten Sie einfach still."

Die Krähe flog hoch in der Luft und wäre umgestürzt, wenn nicht der gedämpfte Schrei der Eule – huh ! – ertönt wäre. Hui ! Hui ! Hui ! – erwischte sein Ohr, hielt inne und landete im Wipfel einer hohen Kiefer. Während er in dieser luftigen Haltung schwang, sendete er seine heiseren Signale aus, und nach wenigen Minuten war die Kiefer schwarz von ihren Gefährten, die alle einen gewaltigen Schrei ausstießen. Einige von ihnen fielen in die Wipfel der Buscheichen. Sie konnten die Eule nicht finden, aber sie erblickten die Falken und ließen ihren Kriegsschrei ertönen. So ein Krächzen, Schreien, Flattern und Kämpfen hatte Joe Maxwell noch nie zuvor gesehen. Die Falken entkamen den Krähen, ließen aber viele ihrer Federn auf dem Schlachtfeld zurück. Einer der Falken konnte nicht ganz entkommen, denn vor Schreck flog er aus dem Wald ins Freie, und dort wurde er von einem Königsvogel angegriffen, den Jim-Polk Bienenschwalbe nannte. Dieser kleine Vogel, nicht größer als sein Cousin, der Katzenvogel, landete auf dem Rücken des Falken und blieb dort, solange er in Sichtweite blieb. Die durch die Krähen verursachte Aufregung hatte die Aufmerksamkeit aller Vögel erregt, mit Ausnahme der kleinsten, und sie flogen in den Bäumen umher und stießen wütende oder alarmierte Töne aus, während sie alle versuchten, die Eule zu finden.

Der Vorfall war für Joe Maxwell sehr interessant. Er entdeckte, dass die Eule der geflügelte Ishmael der Wälder ist, der am meisten gehasste und am meisten gefürchtete aller Vögel. Ein paar Tage später ging er mit Harbert zur Fütterung der Schweine und erzählte dem Neger, dass alle Vögel die Eule zu hassen schienen.

"Herr! ja, sah !" sagte Harbert, der offenbar alles über die Sache wusste. „ Hast du nicht schon einmal gehört , wie es um die Eule und die anderen Vögel geht? Der alte Remus hat es mir vor vielen Jahren gesagt, und ich höre oft darüber reden und darüber, was ich an Fingern und Zehen habe."

Natürlich wollte Joe hören –

DIE GESCHICHTE DER EULE.

„Nun ja ", sagte Harbert, „klicken Sie auf Run Sorter wie hier: Einmal vor langer Zeit, yander , du alter Mann Remus wuz. " geboren , ich flecke, alle Vögel waren unter einer Decke; Das, was in der Luft fliegt, das, was auf dem

Boden läuft , und das, was auf dem Wasser schwimmt – alles unähm. Sie leben alle in einer Siedlung oder was auch immer dey Könnte am nächsten Tag abgeholt werden , sie würden es von den Anlegestellen des Ortes abholen Sie leben dort und legen es auf den Rest, was auch immer Die sind ein Ketchin und ein Fetchin .

„Sie machen weiter so weiter, zwölf , twanten lange , bis sie fertig waren, einen richtigen, intelligenten Haufen aufzusparen, um nur noch eine Sache und ein Euter zu machen . " De Pile ist so groß geworden Dey 'gun ter git skeered Dat einige un ud kommen lange Zeit, während sie Wir waren weg und er war weg derse'f . Bimeby , einige von ihnen sind sehr scharfsinnig und sagen , dass jemand Rauch aus der Nahrung stiehlt , was sie in schwierigen Zeiten gespart haben . Mr. Jaybird, er war Coyspon mit Mr. Crow, und Mr. Crow war Coyspon mit Miss Chicken Hawk, und Miss Chicken Hawk war Coyspon mit Mr. Eagle, der der große Buckra aller Vögel war. Und dann koysponierten sie alle mit einem Euter und einem niedrigen Datum dey bluten ter Lassen Sie jemanden los , der bereit ist , das Winterwetter zu beobachten , während Sie auf der Jagd sind . Sie schoben und schoben eine lange Zeit, bis sie , Mr. Eagle, aufstanden und sagten, dass das Beste , was sie tun würden, darin bestehe, Mr. Owl zu bewachen . Mr. Owl brüllt das irgendwie an, aber das nützt nichts , sagen die Leute , sie sagen , dass alles, was Mr. Owl zu tun hat, darin besteht , nachts zu schlafen und wach zu bleiben de Tag.

„Also, der", fuhr Harbert fort und hielt inne, als ob er versuchte, sich an den roten Faden der Geschichte zu erinnern, „ sie haben Mr. Owl festgehalten , um Wache zu halten, und sie sind alle davongeflogen , in die eine oder andere Richtung . Mr. Owl, er hat seinen Sitz verstaut , das hat er mit seinem großen Augapfel auf einer richtig schlauen Trage hingenommen , und er ist verdammt richtig. Aber bimeby er'gun Ich bin einsam. Sie wollen, dass niemand mit ihnen redet , und die Sonne scheint so hell , dass er blutet ter Sieh ihm die Augen zu, und damit er weiß, was er tut , wird es ihm schwerfallen nickt genauso wie ein Nigger an einem Kaminfeuer . Ab und zu versuchte er , wach zu bleiben , aber wenn er tat, was er wollte, konnte er sein Auge nicht offen halten, und manchmal schnappte er mit seinem Maul , als wäre er verrückt, und dann gab er ihm eine Ohrfeige Kopf unter seinen Flügel und ließ ihn in den Schlaf fallen . Kaze, wenn ein Vogel seinen Kopf unter seinen Flügel steckt, trifft es des de same ez Wein ter Bett und ' pullin ' de kiver ' um ' yo ' Jahre.

„Na ja, na ja , verdammt , er schläft tief und fest ein. „Lange im Laufe des Tages, Mr. Crow und Mr. Jaybird, trafen sie sich mit einem Mann draußen im Wald, und sie setzten sich in einen beliebten Baum, um ein Gespräch zu führen." Sie haben es geschafft , mit einem Euter und einem anderen zu schlüpfen Bofe Bin zieht Mais hoch. Mr. Crow'low Nach Mr. Jaybird , dass er sich nicht so ganz sicher ist, was Mr. Owl angeht, weil er ziemlich schläfrig ist. Breite Das , Mr. Jaybird, er ist aufgestanden und hat gesagt, dass er das verstanden hat Ich habe eine Idee in seinem Kopf. Sie wagten es nicht , sich nach einer Weile über Mr. Owl zu unterhalten Ich gehe zur Siedlung zurück und schaue, was Mr. Owl macht .

„Nun, na ja , sie sind verdammt , verdammt dey foun ' ' im . Yasser! Herr Eule, heilig wuz dar . Er wuz Er setzt sich auf eine Lehne , den Kopf unter den Flügel geworfen, und alles , was sie tun müssen, ist , mich aufzuwecken . Dey schrie: „ Ich bin des laut, ez.“ Dey kin, und dann wachte er auf und zog seinen Kopf unter seinen Flügeln hervor und sah sich um des ez an Solium EZ ein Camp- Meeting -Prediger. Dey ' buze ' im — dey quoiled — sie nennen es außer seinem Namen — dey scherzte mich an — aber es nützt mir nichts. Er hat es geschafft , und er sieht ähm an, und er ist nicht gerade groß. Das macht Mr. Crow und Mr. Jaybird mächtig wütend, wenn die Leute zittern und niemanden für immer kriegen können Quoil zurück zu ähm, es macht ähm wusser wütend und was soll's Wuz auf einmal. An dem Abend, als die anderen Vögel nach Hause kamen, Mr. Crow und Mr. Jaybird, hatten sie eine mächtige Geschichte zu erzählen. Einige glaubten ähm, andere glaubten nicht ähm . Miss Jenny Wren, Mr. Jack Sparrow und Miss Cat Bird Ich glaubte , ähm, und sie machten so weiter, dass zwölf weitere Vögel ihre eigenen Jahre nicht hören können , skacely . Aber die großen Vögel hielten sich lieber zurück , sagen sie Wein Geben Sie Mr. Owl eine Chance.

„Nun ja , sie geben Mr. Owl zwei Monate vor Gericht, ganz zu schweigen von einem, und zwar jedes Mal lef ' im Wenn du auf den Garten aufpassen willst , schläfst du tief und fest. Und dat ist nicht alles; dey gespalten Da ist jemand in eine Totin von den Proviant geschlüpft .

„Das ist Mr. Owl. Die Vögel schnappten sich einen Tag und holten Mr. Owl für einen Prozess hoch , und sie legten das Gesetz fest rauch dat time forrud Dass Mr. Owl nicht mit den anderen Vögeln gehen soll , und dass ich in nächster Zeit nichts mehr zu sagen habe Lasst uns geben, ein' dey Wuz all ter fall foul un ' ich bin ein' gebrechlicher bin draußen. Sie sagen, dass er , wenn er schläft , langsamer schläft Bofe Augen weit aufgerissen, a'n Sie legten fest , dass er die ganze Nacht Wache halten musste, und das Wann immer er etwas Aufhebens hörte, brüllte er :

„‚Wer – wer – wer belästigt uns alle?'

„Dat de way de law stan's", fuhr Harbert fort und stellte seinen Maiskorb auf das obere Geländer des Zauns, „ an Das ist die Art und Weise, wie es wächst ter stan'. Am Ende des Tages, wenn Mr. Owl schläft, schläft er Mit weit geöffneten Augen, und wenn die anderen Vögel ihn herausholen, leuchten sie auf, ich bin wie Leute , die Feuer löschen , und wenn er nachts aufsteht und brüllt, hört man mich sagen :

„‚Wer – wer – wer belästigt uns alle?'"

Mit einem Lachen, in das sich Joe Maxwell herzlich einschloss, wandte Harbert seine Aufmerksamkeit dem Rufen seiner Schweine zu, und die Art und Weise, wie er das tat, war für Joe genauso interessant wie die Geschichte zuvor. Er hatte eine Stimme von wunderbarer Stärke und Kraft, so durchdringend und melodiös wie die Töne eines Kornetts. An einem ruhigen Tag, wenn die Luft etwas feucht war, konnte sich Harbert zwei Meilen weit hören lassen. Der Bereich, in dem die Schweine umherstreiften, war mindestens anderthalb Meilen vom Pferch entfernt. Als der Neger sie rief, stimmte er ein Lied an. Es war nur der Refrain, den die fernen Schweine hören konnten, aber als er über die Hügel und Täler hallte, schien es Joe die Essenz einer Melodie zu sein. Das Lied war ungefähr so:

HOG-FEEDER S SONG.

Oh, erheben Sie sich, meine Damen, lachen unter mir,

Wow ! Wow ! Wow ! _ Puh ! _

Ich freue mich auf diese Nacht, weil ich bei dir vorbeikomme.

Wow ! Wow ! Wow ! _ Goo- whoo !

Schweinchen! Schweinchen! Puh ! _

Oh, die Sterne sehen so hell aus wie sie Gwineter Herbst,

Auf dem Weg Bis zum Sonnenuntergang hörst du den Ruf von Killdee :

Stee-wee! Killdee ! Schweinchen! Schweinchen!

Schwein! Schwein! Schweinchen! Schwein! Schwein! Schweinchen!

De blue barrer quietscht kaze, er kann froo nicht quetschen ,

Und er buckelt den Rücken hoch, wie Nigger es tun –

Oh, humpty -umpty blau! Schweinchen! Schweinchen!

Schwein! Schwein! Schweinchen! Schwein! Schwein! Schweinchen!

Oh, steh auf, meine Damen! Lissen Sie unter mir!

Wow ! Gwoopee ! Wow ! _ Puh ! _

Ich freue mich über diesen galanten Abend mit dir !

Wow ! Gwoopee ! Wow ! _ Juhuu ! _

Schweinchen! Schweinchen! Puh ! _

Ole Sau hat Sinn für Ez Sho's du bo'n

„Kaze, sie hat eine Ahnung , wie sie die Seele zerschmettert –

Ma'am, Sie machen zu frei! Schweinchen! Schweinchen!

Schwein! Schwein! Schweinchen! Schwein! Schwein! Schweinchen!

Wenn das Schwein fett ist, bleibt er besser in der Nähe,

, fettes Schwein, nett, um sich zu verstecken " –

Und auf dem Grill schmeckt er richtig gut!

Oh, Roas- Schwein, scheucht! 'N-lecker! Das ist ein Barbecue!

Schwein! Schwein! Schweinchen! Schwein! Schwein! Schweinchen!

Oh, steh auf, meine Damen! Lissen Sie unter mir:

Wow ! Gwoopee ! Wow ! _ Puh ! _

Ich freue mich über diese Nacht, weil ich bei dir vorbeigeklopft habe !

Wow ! Gwoopee ! Wow ! _ Goo- whoo !

Schweinchen! Schweinchen! Puh ! _

„Marse Joe", sagte Harbert, nachdem er die Schweine gezählt hatte, um sicherzustellen, dass keines fehlte, „ich habe für dich einen Sumpf in meinem Haus bekommen." Ich mache mich auf den Weg, um es heute Abend zu holen .

"Was ist es?" fragte Joe.

„ Das ist nicht viel", sagte Harbert. „Des etwas Simmon - Bier und etwas Ingwerkuchen."

„Ich bin Ihnen sehr dankbar", sagte Joe.

„Oh, das ist mir egal ", sagte Harbert schnell. „Ich war letzte Nacht gerade dabei, die Kutschpferde aufzuspannen, als ich hörte, wie mich jemand rief , und ich ging über den Zaun und so weiter Wuz ein Nigger'oman „ Da war ein Krug in einem und ein Bündel im Euter", sagte sie Dar Wuz etwas Simmon- Bier und ein paar Ingwerkuchen, und sie hat mich hochgehauen und mir gesagt, ich wäre so gern bereit, dem Marse Joe Maxwell etwas zu geben , und ich habe mich gefreut , dass ich so gern gewesen wäre .

„Wer war die Frau?" fragte Joe.

„Sie ist irgendwie mit Mink verwandt", antwortete Harbert ausweichend.

„Nun, welche Art?" fragte Joe.

„Sie ist nicht so sehr verwandt, Bedürftige", sagte Harbert. „Sie ist seine Frau. Sie hat wenig Ahnung Wenn du eine verdammte Wäsche hast , die du machen willst , ist sie froh , wenn sie es macht, und dann sage ich: „Scheu Nigger, Oman !" G'way Mist hier! Wofür hast du meine Frau hierher gebracht?"“

Hier versuchte Harbert, empört dreinzuschauen, scheiterte jedoch. Dann fuhr er fort: „Das ist ein Zeichen dafür.“

„Welches Zeichen ist das?“ fragte Joe.

„Nun ja , wenn , Simonses ‘ reif ist, treffen Sie auf ein Uferschild , dass ‚Opossum zum Essen bereit ist, und‘ tain't .“ Wein Es wird lange dauern , bis du mich schreien hörst, um durch den Wald zu gehen , vor allem, wenn ich die Hunde holen kann, was der Gaither - Junge hat. Wenn es um Opossums und Waschbären geht, sind sie die besten Hunde, die man je gesehen hat . “

„Ich kann die Hunde jederzeit holen“, sagte Joe.

„Na ja “, sagte Harbert begeistert, „nach heute Abend kannst du nicht zu früh loslegen.“

KAPITEL VII
ALTER ZIP COON

Jim -Polk Gaither war sehr froh, mit Joe Maxwell auf die Jagd zu gehen, da er eine starke, jungenhafte Vorliebe für den Jungen entwickelt hatte, und so kam er eines Samstagabends mit seinen Hunden Jolly und Loud zum Turner-Haus. Es waren große, gut aussehende Hunde, und Joe musterte sie interessiert. Ihre Farbe war schwarz und braun und jeder hatte zwei kleine gelbe Flecken über den Augen. Laut war der schwerere der beiden, und Jim-Polk erklärte, er habe „die beste Nase" und die beste Stimme, und dennoch erklärte er, dass Jolly in mancher Hinsicht der beste Hund sei.

Harbert hatte sich bereits auf die Jagd vorbereitet und erschien bald mit einer Axt und einem Bündel dickem Bindfaden, der als Fackeln dienen sollte.

„Nun", sagte Jim-Polk, „was für ein Spiel wollen Sie?" Soll es „Opossum oder Waschbär" sein?

„Das muss Marse Joe sagen", sagte Harbert.

„Das sind mächtig lustige Hunde", erklärte Jim-Polk. „Wenn man mit Licht anfängt , werden sie die ganze Nacht Opossums jagen. Wenn Sie in den Wald gehen und ein oder zwei Schreie holen, bevor Sie ein Licht anzünden, werden sie kein Opossum bemerken; Aber Sie glauben besser, dass sie den alten Zip Coon dazu bringen werden, sich aufzurichten vom Boden. Was auch immer Sie wollen, Sie müssen richtig anfangen."

Old Zip Coon.

„Opossum, sehr gut", sagte Harbert, als er sah, dass Joe zögerte.

„Es macht viel Spaß, einen Waschbären laufen zu lassen ", sagte Jim-Polk.

„Nun", sagte Joe, „fangen wir ohne Licht an."

„Damit ist die Sache erledigt", rief Harbert mit einer gut gelaunten Grimasse. „Ich habe Bin Hunt gemacht Diese Hunde vor '."

„Du musst sie gestohlen haben " , sagte Jim-Polk.

„Nein, na ja ", antwortete Harbert, „ich bin mit Mink gegangen."

„Gott sei Dank", rief Jim-Polk, „dass Mink zu Hause wäre." Pap, er steht auf der Seite des Aufsehers, aber wenn ich ein bisschen größer werde, werde ich mich einmischen und diesem Aufseher eins auswischen, wenn es der letzte Akt ist."

„Jetzt redest du !" sagte Harbert mit Nachdruck.

Es dauerte einige Zeit, bis sie das Weideland verließen, und dann gingen sie bei Mr. Snelson vorbei, damit Joe sich gegen einen derberen Anzug umziehen konnte. Dieser freundliche Herr war sehr an der Jagd interessiert und überredete sich schließlich, mitzumachen.

„Ich werde gehen", sagte er, „ um die Jungs zu beschützen ." Es ist ein schönes Schlamassel, in das ich geraten will , und das liegt nur an meinem guten Gefühl . Eines Tages werden sie mein Tod sein, und ein guter Mann wird niemanden mehr haben, der seinen Platz einnimmt."

Herr Snelson war so begeistert, dass er den Weg weisen wollte, aber nachdem er über einen Baumstumpf gefallen war und kopfüber in einen Buschhaufen gestürzt war, begnügte er sich damit, Harbert die Führung zu überlassen.

Jim-Polk, der neben Joe Maxwell das Schlusslicht bildete, machte diesem zu verstehen, dass sie mit dem genialen Drucker viel Spaß haben würden, selbst wenn sie keinen Waschbären fingen.

„Wir werden Spaß mit ihm haben", sagte Jim-Polk, „wenn wir ihn nicht nach Hause schleppen müssen."

Mr. Snelson unterhielt sich ununterbrochen, was nur dann unterbrochen wurde, wenn er in ein Loch oder einen Graben trat.

„Ich habe oft davon gelesen, dass man den Waschbären jagt", sagte er, „aber es kam mir nie in den Sinn, dass es sich dabei um etwas Ähnliches handelte . " Bist du sicher, dass es das Normale ist?"

„Das werden Sie denken, bevor Sie nach Hause kommen", bemerkte Jim-Polk. Harbert, der wusste, was diese Worte wirklich bedeuteten, lachte laut.

„Na ja", sagte der freundliche Drucker, „wenn das alles ein Witz ist, dann gebe ich lieber meine Spuren ab und gehe nach Hause."

"Ach nein!" rief Jim-Polk aus. „Geh nicht nach Hause. Wenn Sie denken, dass es ein Witz ist, wenn wir damit fertig sind, haben Sie vielleicht meinen Hut.“

„Das stimmt“, rief Harbert. „Das ist so, sho ! Und ef er wuz Ter git de hat, ich glaube, ich hätte es Er trägt es. Yasser! Das ist das, was ich sehe.“

Die begeisterten Mr. Snelson und Harbert lagen vorne, Joe Maxwell und Jim-Polk bildeten die Schlusslichter.

„Ich hoffe, dass meine Hunde sich heute Abend benehmen“, sagte der junge Gaither. „Du hast so viel über Bill Lockes Niggerhunde gesagt, dass ich möchte, dass du Jolly und Loud hörst, wenn sie sich sträuben. Aber sie sind mächtig . Wenn Loud zuerst eine Spur aufspürt, fängt Jolly an zu schmollen. Ich nenne es Schmollmund . Er wird mit Loud mitlaufen, aber er wird seinen Mund nicht öffnen, bis der Duft so heiß wird, dass er sich selbst vergisst. Wenn es ein Opossum ist, überlässt er den alten Loud das gesamte Trailing und Treeing . Man könnte meinen, es gäbe nur einen Hund, aber wenn man zum Baum kommt , wird Jolly dort so natürlich sitzen wie das Leben.“

Die Jäger waren nun in den an Rocky Creek angrenzenden Gebieten angekommen, und noch während Jim-Polk sprach, war die Stimme eines Hundes zu hören. Dann wurde es zweimal wiederholt – ein sanfter, weitreichender, inspirierender Klang, der jeden Nerv in Joe Maxwells Körper zum Kribbeln brachte.

„Scheiße!“ rief Jim-Polk angewidert aus. „Es ist alt, laut, und wir werden nichts von Jolly hören, bis die Fährte des Waschbärs heiß genug ist, dass eine Blase entsteht.“

Wieder öffnete sich Loud, und immer wieder, und immer mit zunehmender Stimmung, und seine Stimme, die von den Nachtwinden über die Wälder und Felder getragen wurde, war äußerst musikalisch.

"Du meine Güte!" rief Jim-Polk; „Wenn ich Jolly hier hätte, würde ich ihn töten. Nein, das würde ich auch nicht tun!“ rief er aufgeregt. "Einfach zuhören! Er ist jetzt voll da! “ Damit stieß er einen Schrei aus, der die Echos regelrecht weckte und Mr. Snelson zusammenzucken ließ.

„Auf meiner Seele!“ sagte dieser würdige Herr, „Sie werden niemals an Schwindsucht sterben.“ In meinen Büchern habe ich von denen gelesen, die den Welkin klingeln ließen, aber ich habe ihn noch nie zuvor läuten hören.“

„Scheiße!“ sagte Jim-Polk; „Warte, bis Harbert dort aufgewühlt ist.“

Es stimmte, dass Jolly, wie Jim-Polk es ausdrückte, „eingelegt“ hatte. Der Duft war warm genug, um sein Schmollengefühl zu lindern. Die Musik, die die beiden Hunde machten, war unwiderstehlich inspirierend, als sie im

Einklang rannten und abwechselnd und manchmal auch gemeinsam ihr Maul gaben, und wenn Harbert in Abständen seine Stimme erhob, um sie anzufeuern, strahlte sogar Mr. Snelson vor Aufregung und Begeisterung.

„Also, Harbert", sagte Jim-Polk, „Sie können Ihre Kutschenlampen anzünden, und dann wissen Sie schon, in welche Richtung wir traben müssen."

Bald wurden die Fackeln angezündet, eine für Jim-Polk und eine für Harbert, und dann hielten sie inne, um den Hunden zuzuhören.

„Dieser Waschbär wurde draußen gefangen", sagte Jim-Polk nach einer Pause. „Die Hunde sind zwischen ihm und seinem hohlen Baum. Er macht sich auf den Weg zu diesem Baum auf Papas zehn Hektar großem Feld. Dort gibt es einen Teich, und der alte Zip ist dorthin gegangen, um einen Froschköder zu fangen. Warte nur, bis sie ihm den Kopf verdrehen."

„Tut, tut, junger Mann!" rief Mr. Snelson mit so etwas wie einem Stirnrunzeln. „Du redest wie jemand, der aus einem Buch liest – auf mein Wort, das tust du – und wenn das alles wäre, würde ich dir nicht widersprechen ; Aber du redest weiter für die ganze Welt, als hättest du die ganze Zeit deine beiden gesegneten Augen auf den Waschbär gerichtet . Kommen! Wenn du das alles weißt, woher weißt du es?"

„Nun, Sir", sagte Jim-Polk, „der Waschbär ist den Hunden eine dreiviertel Stunde voraus – vielleicht etwas mehr, vielleicht etwas weniger." Woher weiß ich es? Warum, weil ich meine Hunde kenne. Sie sind nicht auf dem richtigen Weg. Das sind sie nicht Wenn überhaupt, läuft es mit mehr als halber Geschwindigkeit. Ich kann es daran erkennen, wie sie sich auf dem Weg öffnen. Old Loud lässt sich Zeit. Wenn er den Waschbären nach Hause gebracht hat, werden Sie ihn ziemlich schwerfällig hören. Woher weiß ich, dass der Waschbär sein Zuhause verlässt ? Mist! Das sagen mir meine sieben Sinne. Wir sind früh losgefahren. Das tat auch der alte Zip. Er war am Teich auf der Jagd nach Fröschen, als er hörte, wie der alte Louder öffnete. Wenn er auf der anderen Seite des Flusses erwischt wird, müssen wir warten und den Hunden sagen, dass sie ihn zurück zum Bach holen. Wenn er auf dieser Seite zuschlägt, wird er direkt in die Senke hier unten fallen. Mal sehen, was die Hunde sagen."

„ Deyer wird wieder lebendig ", sagte Harbert.

Die Jäger gingen ein paar hundert Meter bis zum Rand des Abhangs, der zum Bachbett führte. Plötzlich verstummten die Hunde. Zehn Sekunden – zwanzig; eine halbe Minute verging, und von den Hunden war nichts zu hören.

„Wir können genauso gut nach Hause zurückkehren", sagte Herr Snelson.
„Die gefräßigen Tiere haben ihn überholt und bleiben stehen, bis sie ihn
verschlungen haben. Bei mir auf der Seele, es sind seltsame Geschmäcker,
die sie haben!"

„Oh nein", antwortete Jim-Polk. „ Hunde fressen Kaninchen und
Eichhörnchen, aber niemals Waschbären oder Opossums." Du wirst
schrecklich von Jolly und Loud hören , und dann werden sie ein galantes altes
Zip-Haus sein. Einfach zuhören!"

Während er sprach, gab Loud ein Brüllen von sich, das den Wald erfüllte,
und sofort gesellte sich Jolly zu ihm, dessen schnellere und entschlossenere
Stimme als angenehme Begleitung einstimmte.

„Sie sind hier genau richtig! " rief Jim-Polk atemlos aus. „Machen Sie kein
Aufhebens – bleiben Sie einfach ruhig, damit Sie den Waschbär nicht über
den Bach treiben . Jewhillikens ! Hören Sie doch mal dem alten lauten
Holzfäller zu ! "

Und es hat sich gelohnt, zuzuhören. Der Mut des Hundes – beider Hunde –
war nun einigermaßen gestiegen, und sie gaben ihre Stimme mit einer Hitze
und Energie von sich, die kaum zu übertreffen gewesen wäre, wenn sie in
Sichtweite des fliehenden Waschbären gewesen wären. Sie schienen auf
Hochtouren zu laufen. Sie kamen bis auf zwanzig Meter an der Stelle vorbei,
an der die Jäger standen, und schnaubten heftig, während sie den Atem
anhielten, um zu bellen. Als sie vorbeigingen, sandte Harbert ihnen ein wildes
Hallo hinterher, das ihre Begeisterung noch zu verstärken schien.

„Also", rief Jim-Polk, „wir müssen gehen." Du nimmst die Axt, Harbert, und
überlässt Joe dein Licht."

Jim-Polk hob seine Fackel hoch und sprang den Hunden nach, dicht gefolgt
von Joe Maxwell und Harbert, während Mr. Snelson die Nachhut bildete.
Der kluge Drucker war kein Waldarbeiter und bahnte sich mit großer Mühe
seinen Weg durch das Unterholz und zwischen den Bäumen. Als er einmal
einen Moment innehielt, um seine Beine aus der Umarmung eines
Bambusstrauchs zu befreien, befand er sich ganz hinten und schrie lautstark
seinen Gefährten zu.

„Mutter von Moses!" Er rief mit lauter Stimme: „Wollt ihr mich in der
Wildnis zurücklassen? "

Ohne Harberts schnelles Ohr wäre er sicherlich übriggeblieben. Die anderen
Jäger warteten auf ihn, und er kam schnaufend und schnaufend heran.

„Mit halber Anstrengung könnte ich eine Schnur aus Holz durchschneiden!"
er rief aus. „Kommt, Jungs! Lasst uns zusammensitzen und uns verständigen
. Meine Beine und mein ganzer Körper haben angefangen, vor dieser Harum-

Scarum-Darbietung zu schreien . Sollen wir langsamer gehen, oder sollt ihr mich hochheben und tragen?"

Die Jungen waren bereit, Kompromisse einzugehen, aber in der Hektik der Jagd hätten sie Mr. Snelson vergessen, wenn dieser würdige Herr nicht seine Anwesenheit signalisiert hätte, indem er sie angeschrien hätte, wenn sie zu weit vorangekommen wären. Die Hunde rannten mit voller Geschwindigkeit eine Meile lang den Bach hinunter. Plötzlich rief Jim-Polk:

„Sie haben Bäume gepflanzt!"

„Jasser!" sagte Harbert mit einem lauten Schrei; „ dey mos' heilig ist!"

„Dann", sagte Mr. Snelson sarkastisch, „ist der Spaß vorbei – die Schablone ist oben. Es ist tausendmal schade."

"Nicht viel!" rief Jim-Polk aus. „Der Spaß hat gerade erst begonnen. Ein Waschbär ist kein schlechter Scherz, weil er auf einem Baum sitzt."

„Nun, Sir", sagte Mr. Snelson mit ernster Miene, „wenn sie Flügel hätten, bei meiner Seele, hätten wir einen Ballon holen sollen."

Als die Hunde hinterherliefen, war in ihren Tönen ein sanfter Ton zu hören, der nicht zu hören war, als sie den Baum anbellten. Sie gaben den Mund bewusster und maßvoller.

Als die Jäger ankamen , bellten und nagten die Hunde abwechselnd am Fuß des Baumes.

„Bell um zu bellen!" rief Herr Snelson mit großer Feierlichkeit. Sein kleiner Witz ging allen unter, außer Joe Maxwell, der sich zu sehr für den Waschbären interessierte, um darüber zu lachen.

Zu Harberts großer Freude war der Baum nicht groß und er traf sofort Vorbereitungen, um ihn zu fällen.

„Warte einen Moment ", sagte Jim-Polk. „Dieser Waschbär ist nicht zu Hause, und wir sollten besser wissen, in welchem Baum er sich befindet."

ihn besucht haben ", sagte der freundliche Drucker, „denn woher wissen Sie sonst von seinem Zuhause?"

„An manchen Tagen", sagte Jim-Polk lachend, „komme ich zu Ihnen nach Hause und bleibe zum Abendessen und erzähle Ihnen, wie Waschbären in Hollerbäumen leben."

„Holen Sie sich Ihr Abendessen " , antwortete Snelson, „und Sie sind herzlich willkommen."

Jim-Polk war zu beschäftigt, um eine Antwort zu geben. Er hielt die Fackel hinter sich, schwenkte sie langsam und ging um den Baum herum. Er schien seinen eigenen Schatten zu untersuchen, der in den Blättern und Zweigen flackerte und tanzte. Mal gebückt und spähend, mal auf Zehenspitzen gehend und den Hals reckend, mal nach rechts und mal nach links geneigt, schaute er in die Baumkrone. Schließlich rief er aus:

„Hier ist er, Joe! Komm, sieh ihn dir an."

Joe versuchte sein Bestes, um den Waschbären zu sehen. Er schaute in die Richtung, auf die Jim-Polk zeigte, und blickte entlang seines Fingers, musste aber zugeben, dass er nichts sehen konnte.

„Gnädig, am Leben!" rief Jim-Polk. „Siehst du nicht, wie seine Augen dort in den Blättern leuchten?"

"Pah!" rief Joe aus; „Ich suchte nach dem ganzen Waschbären und dachte, die glänzenden Dinge wären Sterne, die zwischen den Blättern hervorragen." Aber kein Stern brannte jemals so gleichmäßig wie die blassgrünen kleinen Kugeln, die im Baum leuchteten.

„Vielleicht", sagte Mr. Snelson, nachdem er vergeblich versucht hatte, die Augen des Waschbären „zum Leuchten zu bringen" , „ vielleicht hat die Kreatur ihre Augen dort gelassen und ist entkommen." Aber die anderen schenkten seiner Scherzhaftigkeit keine Beachtung.

gegen jeden anderen Baum stößt , denn wenn wir das nicht tun, müssen wir fällen . " „Ich bin die ganze Nacht hier drin herumgehackt ."

"Also!" rief Herr Snelson in tragischem Ton aus. „Nun, dann werde ich die Vergewaltigung meiner Couch um mich herum ablegen und mich angenehm hinlegen!"

„Sehen Sie", sagte Jim-Polk, „wenn dieser Baum auf einen anderen Baum trifft, stößt Mr. Zip Coon auf den anderen ." Coon ist schneller Blitzschnell auf dem Sprung."

„Ich werde dafür sorgen, dass sie so rausfallen ." Harbert deutete mit einer Handbewegung auf einen freien Platz.

„Auf meiner Seele!" rief Herr Snelson aus, „Ich wusste nicht, dass man einen Baum bergauf fallen lassen kann."

„Ja, äh !" sagte Harbert mit verzeihlichem Stolz. „Ich habe zu viele neue Böden gereinigt . Ich schlage vor, dass ich einen Stob austreiben kann und den Körper oder die Schüssel direkt auf deinen Baum lege. Das ist mir klar !"

Damit krempelte Harbert die Ärmel hoch, zeigte die bauschigen Muskeln seiner Arme, wischte die Klinge der Axt ab, spuckte in die Hände, schwang die Axt um seinen Kopf und vergrub sie tief im Körper der Wassereiche. Es war ein schwungvoller Schlag nach unten, dem schnell weitere folgten, bis der Baum nach sehr kurzer Zeit ein wenig zu schwanken begann. Die Hunde, die aufgehört hatten zu bellen, wurden nun unruhig und rannten wild umher, hielten aber immer einen Sicherheitsabstand zum Baum. Mr. Snelson nahm auf der einen Seite Stellung und Joe Maxwell auf der anderen, während Jim-Polk hinausging, wo der Baum fallen sollte, nachdem er Harbert ermahnt hatte, nach dem Waschbären Ausschau zu halten. Der Rat an Harbert wurde aus gutem Grund gegeben, denn es ist ein beliebter Trick des Waschbären, sich beim Fallen des Baumes vom Körper des Baumes hinunterzustürzen und abzuspringen, während die Hunde und Jäger in der buschigen Spitze nach ihm suchen.

Dieser Waschbär machte das gleiche Experiment. Als der Baum nach vorne schwankte und fiel, rannte er den Stamm hinunter. Mr. Snelson sah ihn, stieß einen Sturm aus und stürzte nach vorne, um ihn zu packen. Im selben Moment stieß Harbert einen Schrei aus, der den Hunden ein Signal gab, und die aufgeregten Kreaturen stürzten auf ihn zu. Ob es Jolly oder Loud war, wusste niemand, aber einer der Hunde rannte in seiner Aufregung zwischen Mr. Snel-sons Beinen hindurch. Die Absätze dieses Herrn flogen durch die Luft und er fiel mit einem lauten Knall auf den Rücken. Er war fassungslos und verängstigt und wusste kaum, was passiert war. Das Letzte, was er sah, war der Waschbär, und er kam zu dem Schluss, dass er das Tier gefangen hatte.

"Mord!" Er hat geschrien. „Lauf hierher und nimm sie weg! Lauf hier! Ich habe sie !"

Dann begann ein schrecklicher Kampf zwischen Mr. Snelson und einem Ast des Baumes, der gerade sein Gesicht berührte, und er hielt so lange an, bis er auf die Beine kam. Er bot ein lächerliches Schauspiel, als er da stand und sich wütend umsah, als versuchte er, den Mann oder das Tier zu finden, das ihn niedergeschlagen und verprügelt hatte. Sein Mantel war zerrissen und zerrissen, und seine Hosen waren an beiden Knien geplatzt . Er schien sich der Figur bewusst zu sein, die er in den Augen seiner Gefährten machte.

„Oh, lach doch!" er weinte. „Das ist deine Gelegenheit . Das nächste Mal wirst du über jemand anderen lachen. Auf meiner Seele!" Er fuhr fort und prüfte sich selbst: „Mir wäre es in der Schlacht von Manassus besser ergangen . Das ist also Ihre Waschbärjagd, oder? Wenn der Herr und der Waschbär mir verzeihen, dass ich an der Sorge dieser Nacht beteiligt bin , werde ich den Teufel, einen Waschbär, nicht mehr jagen, was auch immer."

Inzwischen war der Waschbär vom Baum gesprungen, dicht hinter ihm die Hunde. Sie hatten ihn auf dem Hügel überrannt, und das gab ihm die Möglichkeit, in den Sumpf zurückzukehren, wo die Hunde nicht so schnell folgen konnten. Doch der Waschbär hatte kaum einen Vorteil. Wie Jim-Polk es ausdrückte: „Die Hunde hatten die Zähne gebissen", und sie rannten hinter ihm her, ohne Rücksicht auf Bremsen oder Dornen, Lagune oder Sumpf. Das einzige Problem gab es mit Mr. Snelson, der erklärte, er sei erschöpft.

„Nun", sagt Jim-Polk, „wir müssen die Hunde im Auge behalten. Das Beste, was wir tun können, ist, Sie mit einem Licht auszustatten und Sie so gut wie möglich begleiten zu lassen. Du könntest dich nicht verlaufen, wenn du wolltest, denn alles, was du tun musst, ist, dem Bach zu folgen, und du bist auf der sicheren Seite , mit uns zusammenzukommen."

Also wurde Herr Snelson trotz seiner Vorhersage, dass er sich in der Wildnis verirren und von den wilden Tieren gefressen werden würde, ganz zu schweigen davon, dass er von Eulen zu Tode erschreckt würde, mit einer Fackel ausgestattet. Dann rannten die Jungen und Harbert in Richtung der Hunde. Wenn sie daran dachten, Herrn Snelson zu verlassen, hielten sie es für schlecht, denn dieser würdige Mann, der die Fackel über seinem Kopf hielt, schaffte es, sie im Blick zu behalten.

„Die Hunde sind nicht weit weg", sagte Joe. „Sie hätten inzwischen schon ein paar Meilen zurücklegen sollen."

„Der alte Zip ist in Schwierigkeiten", sagte Jim-Polk. „Er hat sich zu einem , Doublin ‘, einem , Twistin ‘, einem , Squirmin ‘ entwickelt. Er kann den alten Loud nicht abschütteln, und er kann nicht nach Hause kommen. Also , was wird er tun?"

„Klettern Sie auf einen anderen Baum, denke ich", sagte Joe.

"Nicht viel!" rief Jim aus. „Er wird Wasser mögen."

Die Hunde kamen nicht weiter weg, aber die Jagd ging weiter. Der Waschbär schien sich in alle Richtungen zu bewegen, hin und her, und plötzlich begannen die Hunde zu bellen.

„Er ist in die Wäsche gegangen !" rief Jim-Polk mit einem Schrei aus.

„Gott segne mich, Seele! Und woher weißt du das?" rief Mr. Snelson, der schnaufend und pustend herankam.

„Oh, das weiß ich schon ", sagte Jim-Polk. „Der Waschbär ist im Wasser, denn wenn die Hunde ihn anbellen, ertönt kein Geräusch wie damals, als sie ihre Köpfe in die Luft hielten; und er ist im Schwimmwasser , denn wenn er nicht will , wäre er zu diesem Zeitpunkt schon tot.

Es war, wie Jim-Polk sagte. Als die Jäger die Hunde erreichten , konnten sie sehen, wie der Waschbär in der Mitte einer kleinen Lagune herumschwimmte, während die Hunde am Ufer umherstürmten.

„Ich wünschte, Gott sei Dank", rief Harbert aus, „ dat dey Wuz ein paar junge Hunde mit uns, weil wir den größten Kampf hätten. Sie schwammen mit dem Waschbären herum , holten einen Hieb oder zwei, sprangen dann auf die Köpfe und duckten sich. Herren ! Er ist wirklich ein großer Kerl.

"Sie haben Recht!" rief Jim-Polk aus. „Er ist einer der Oldtimer. Er würde einen gewaltigen Kampf liefern, wenn er nicht den alten Loud zum Angriff hätte . – Holt ihn raus, Jungs!" Er rief den Hunden zu: „Holt ihn raus!"

Lange Erfahrung hatte den Hunden ihre Taktik beigebracht. Jolly schwamm hinein und erregte die Aufmerksamkeit des Waschbären, während Loud ihm folgte und seitlich zur Mitte schwamm. Jolly schwamm langsam herum, während Loud auf den Waschbär zuzutreiben schien und ihm sozusagen immer noch eine Breitseite zeigte. Der Waschbär folgte den Bewegungen von Jolly und achtete nicht auf Loud. Plötzlich sah er den Hund und sprang auf ihn zu, aber es war zu spät. Loud senkte den Kopf und biss, bevor der Waschbär sich erholen konnte, seine kräftigen Kiefer auf die Rippen des Tieres. Es gab einen lauten Sturm, ein heftiges Zittern, und die Schlacht war vorbei.

Doch bevor der Hund den Waschbär ans Ufer bringen konnte, stieß Mr. Snelson einen lähmenden Schrei aus und rannte zum Wasser. Harbert versuchte ihn zurückzuhalten.

"Autsch! verlier mich! verlier mich! Ich werde dir den Kopf zerbrechen, wenn du mich nicht verlierst !"

Der Drucker schüttelte Harbert ab, rannte zum Rand der Lagune und tauchte seine Hand und seinen Arm ins Wasser. In seiner Aufregung hatte er die Fackel gerade über seinen Kopf gehalten, und das heiße Pech der dicken Kiefer war über seine Hand und seinen Ärmel gelaufen.

"Schau mich an!" rief er aus, als sie langsam nach Hause gingen. "Schau mich einfach an! Die arme Frau muss meinen Körper und meine Kleidung stopfen, und das ist alles, was ich zu nennen habe. Wenn du mir beistehst, Joe", fuhr er pathetisch fort, „werde ich deine Sorge übernehmen." Ich selbst , aber ihr werdet nächste Woche zwei Nachmittage haben." Und Joe Maxwell „stand" Herrn Snelson so gut er konnte zur Seite.

KAPITEL VIII
ETWAS ÜBER „SANDY-CLAUS"

Harberts Haus am Turner Place war nicht weit von der Küche entfernt, und die Küche selbst war nur wenige Fuß vom großen Haus entfernt; Tatsächlich gab es zwischen ihnen einen überdachten Durchgang. Von den Hinterstufen der Küche führten zwei halb in der Erde vergrabene behauene Holzstücke zu Harberts Stufen und bildeten so, wie der Neger es nannte, einen Weg bei nassem Wetter, über den Mr. Turners Kinder laufen konnten, wenn die anderen Der Hof war durch die Regenfälle im Herbst und Winter schlammig geworden.

Harberts Haus hatte zwei Zimmer und zwei Kamine. Einer der Räume war für ihn und seine Frau reserviert, während der andere als Webstube genutzt wurde. In einem saß Harbert nachts und unterhielt die Kinder mit seinen Erinnerungen und Geschichten; in der anderen pflegte Tante Crissy den ganzen Tag zu weben und zu singen und dabei den Takt mit dem fliegenden Schiffchen und den tanzenden Tötungen zu halten. Die Kinder mochten ihre Spielsachen, ihre Ponys und alles andere satt haben, aber in Harberts Haus konnten sie immer etwas finden, das sie interessierte. Es gab nur wenige Nächte, vor allem im Winter, in denen sie nicht am weißen Herd des Negers saßen. Zu besonderen Anlässen konnten sie es kaum erwarten, mit dem Abendessen fertig zu sein, bevor sie zu ihm gingen. Manchmal trafen sie dort auf Tante Crissy, und da sie dick und gut gelaunt – um nicht zu sagen fröhlich – war, war sie für die Kinder immer ein gern gesehener Gast. Für Harbert war es völlig egal, ob Tante Crissy anwesend war oder nicht. Um seine eigene sentimentale Formulierung zu verwenden: Sie konnte gerne kommen oder wegbleiben. Joe Maxwell saß oft bei ihnen, besonders wenn er sich einsam fühlte und Heimweh hatte.

Eines Abends, Anfang Dezember, eilten die Kinder zu ihrem Abendessen aus Brot, Butter und Milch und rannten zu Harberts Haus. Tante Crissy war da und ihr fettes Gesicht und ihre weißen Zähne leuchteten im Feuerschein, während sie die Kinder anlächelte.

„Ich habe Weihnachten in meinen Knochen", sagte sie gerade, als Wattie und Willie eintraten.

„Nun, das will ich nicht sagen ", sagte Harbert , „ aber ich bin so alt , dass ich kein Platz in meinen Knochen habe für nichts Großes, das ist es." de Rheuma; Jit Das ist kein Problem Weihnachten , und ich nicht Ich leugne es nicht, aber was ist da drin ? "

redest du ", rief Tante Crissy salbungsvoll aus. „ Du mos' heilig ist."

Es entstand eine kurze Pause, und dann rief Harbert:

„Im Namen der Güte, des lissen at dat !“

Was war es? Der Wind, der wie die großen Wellen des Meeres auf- und abstieg, ab- und abebbte, pfiff unter dem Dachdach und seufzte traurig über dem Schornstein. Aber es war nicht der Wind, den Harbert hörte. Es gab ein scharfes Klappern auf den Dachschindeln und ein schnelles Klappern an den Fenstern. Harbert und Tante Crissy sahen einander und dann die Kinder an.

"Was ist es?" fragte Wattie und trat etwas näher an Harbert heran.

"Pah! „Ich weiß, was es ist“, sagte Willie, „es ist Schneeregen.“ Harbert schüttelte ernst den Kopf, als er ins Feuer blickte.

„ Vielleicht ist es so“, sagte er, „aber vielleicht auch nicht . “ Es könnte sich um den alten Sandy-Claus-Sortierer handeln, der herumläuft und seinen Weg ertastet .“

„ Truffe auch“, sagte Tante Crissy und stimmte der Idee zu. „Er wollte vielleicht niemanden verarschen , also ließ er die Leute glauben verderben Nichts als Schneeregen. Dey erzählt mir, dass der alte Sandy Claus ein monströser Schlaumeier ist .“

„Er hat geblutet Sei schlau“, bemerkte Harbert , „ ich werde hier , ab und zu, sehr lange leben, und ich habe ihn nicht gesehen.“ Jit . Und ich lasse Sie wissen, dass er ein mächtiger, schlauer Mann sein wird , der mir die ganze Zeit ausweichen wird. Er muss echt schlau und pfiffig sein . “

„Yasser“, sagte Tante Crissy, hielt ihre Schürze an der Ecke hoch und betrachtete sie nachdenklich; „Er ist wirklich echt. Er zündete oben auf dem Haus das gleiche wie einen Eichelhäher und sie Es ist kein Gedränge , wenn er de chimberly herunterrutscht .

„Dey sez“, sagte Harbert in einer erinnernden Weise – „ dey sez , dass er sich reibt . “ Mit Gänsefett werden seine Gelenke geschmeidiger und lockerer; Als er das Fett auf mich bekam „Niemand kann mich fangen , sonst würde er sofort aus dem Han rausschlüpfen .“

„Ich glaube , das ist so“, sagte Tante Crissy, „ kaze einmal, als ich wuz .“ Lebe mit Marse Willyum Henry und schlafe pünktlich zu Weihnachten im Haus Er würde de chillun den Strumpf aufhängen . Nachdem sie alle zu Bett gegangen waren, nickte ich ihnen zu und nickte . Wie lange ich noch schaffe , werde ich dir nie sagen, aber plötzlich habe ich einen Tumbling-Schläger gefunden . Ich mache einen Sprung und öffne meine Augen. Die Außenseite ist offen , ein Stannin _ Wuz einer von Marse Willyum Henrys Jagdhunden . Er stand da , er tat es, mit gespreizten Borsten und mitten in der Blüte der alten Katze. Ihr Rücken war ganz nach oben gebeugt, und ihr Schwanz“ – hier hielt Tante Crissy inne und sah sich im Zimmer um, als ob sie nach etwas suchte, mit dem sie den Schwanz der alten Katze vergleichen könnte – „ Das bin ich nicht." Ich erzähle dir keine Lüge; Der Katzenschwanz war größer als mein Arm!"

glaube ich nicht ", rief Harbert voller Inbrunst, „ das tue ich nicht."

„Und dat ist nicht alles." Tante Crissy schloss die Augen und warf den Kopf zurück, als wollte sie dem, was sie sagen wollte, Nachdruck verleihen. „Das ist noch nicht alles – dem ar Stockins Wuz war vollgestopft mit Leckereien, und ja Ich war fertig , während ich mich richtig einstellte . Bisher wurde noch kein Schriftstil erfunden, der auch nur eine schwache Vorstellung von dem beeindruckenden Ton vermittelt, in dem Tante Cissy diese überraschende Ankündigung machte.

„Ole Sandy wuz Ich kriege dich auf engstem Raum, Mann ", rief Harbert aus.

„Mann, du redest jetzt", sagte Tante Crissy. „Ich wuz Ich setze mich genau auf den richtigen Platz", fuhr sie fort und beschrieb ihre Position mit den passenden Gesten, „und ich hätte meinen Arm ausstrecken können – also – und die Vorräte zusammengewürfelt , und, ja , ' Trotzdem ist es schon lange her, der alte Sandy Claus, während ich wuz settin ' dar nickte und füllte sich. Dat des, was er getan hat. Er kam, er tat es, und füllte ihn direkt in mein Gesicht. Hätten meine Augen den Behälter offen gehabt, wäre ich ein Samen , und wenn ich ein Samen gewesen wäre , hätte ich ihn direkt am Rockschöße gepackt . Yasser! Ich habe ihn gepackt Wenn er mich in den Chimberly gebracht hätte .

Wattie und Willie hörten mit offenem Mund zu, so intensiv war ihr Interesse; und so könnte man sagen, auch Joe Maxwell. Aber jetzt sprach Willie:

„Angenommen, du hättest ihn erwischt, Tante Crissy, was hättest du dann getan?"

„Huch, Schatz! Ich würde ihn hart umarmen und ihn streicheln wid ' im , und ' wann er'gun Wenn es mir besser geht, habe ich genauso gebrüllt wie einer, ihr werdet Katzen haben . Ich habe so laut gebrüllt, dass ich einen ziemlichen Schrecken bekommen hätte ."

Tante Crissy hielt inne, verschränkte ihre dicken Arme vor ihrem breiten Busen und blickte ins Feuer. Harbert steckte mit einer langen Zange, die so musikalisch war wie die, über die Shakespeare schrieb, die Spitzen der Stücke zusammen und platzierte vorsichtig einen dicken Kiefernknoten in der Mitte. Dann lehnte er sich in seinem Stuhl zurück und rieb sich nachdenklich das Kinn.

„Nun", sagte er nach einer Weile, „ich weiß nicht Ich bin der alten Sandy Claus so nahe wie du , Schwester Crissy, aber ich bin ihr sehr nahe, und ich bin nicht schon so lange her. Eines Abends zu Weihnachten wuzte ich gwine'long Thoo de Woods in der Nähe von De Ward Place. Ich wuz gwine'long , ich wuz , sorter learningin ' wid Meiner Meinung nach sollte ich meine Strümpfe an den Nagel hängen Wid de res' er de people, wenn, fus news I know, so aussehen, als würde ich ein Jahr gewinnen . Schlagen Sie den Ton so laut , dass ich sofort stehen bleibe und mir selbst eine Axt lege, was auch immer die Güte ist. Ich habe nicht das Gefühl, dass es keinen Sieg gibt, und ich sehe keinen Busch, der wackelt , aber oben in der Spitze sehen die Bäume so aus, als wären sie da wuz a reg'lar Rushcane ein Blowin '. Mann, Herr! Sie brüllte laut , „Ich sehe keinen Gewinn", und „Ich sehe keinen Busch, der wackelt ." Schlag, ich fühle mich so Quatsch dat Wenn irgendein Knutschfleck irgendwo in meiner Nähe drapiert hätte , wäre ich pleite und flüchtete So wie der Ole Boy mich angegriffen hat . Ich fühle mich so komisch , dass ich nicht weiß , ob es der alte Harbert war oder irgendein Nigger , der sich in einem neuen Land verirrt hat . Ich stand da , das tat ich, und wartete auf Sumpf ner Es kann passieren, aber nach und nach hört der Lärm auf, und das Gebrüll verstummt, zwölf Jahre alt , man könnte eine Stecknadel fallen lassen. Ich habe mein Bestes gegeben , und das habe ich getan Mir ist klar , dass es in der Gegend so viel Aufruhr gibt Dar mus ' heilige alte Sandy Claus Agwine vorbeisegeln . Das, was ich in meiner Minute hatte , und ich werde nicht aufhören , keine Nachforschungen anzustellen . Ich habe mich sehr geärgert, das habe ich getan, und ich bin nach Hause gegangen , und es hat mir ein tolles Gefühl gegeben , als ich soweit war ."

Die Kinder besuchten mehrere Nächte vor Weihnachten jeden Abend Harberts Haus, aber irgendwie schien es ihnen keinen Spaß zu machen. Harbert war mit der einen oder anderen Sache so beschäftigt, dass sie sich im Weg standen. Sie hatten jedoch den Eifer und die Hoffnung ihrer Kindheit und setzten ihre Besuche mit beharrlicher Regelmäßigkeit fort. Sie waren vergleichsweise sehr geduldig und ihre Geduld wurde schließlich belohnt.

In der Nacht vor Weihnachten, als ihre Interessen und Erwartungen ihren Höhepunkt erreichten, fanden sie Harbert vor dem Feuer sitzend, den Kopf zurückgeworfen und die Hände im Schoß gefaltet; und bevor die Kleinen es sich bequem machen konnten, kam Tante Crissy herein und warf sich auf einen Stuhl.

„ *Whoo-ee!* ", rief sie aus. „Ich bin so müde , dass ich es nicht schaffe, einen Fuß vor dich herzuziehen . Es sieht so aus, als wäre ich fast einen Monat lang auf den Beinen , das tut es , und ich bin so steif, ich habe das Gefühl, als ob irgendjemand in den Beinen wäre Wein ter brechen in zwei Teile. Das ist es nicht Nichts über die Displantation, in der ich nicht meine Hände hatte , vor allem, wenn es Arbeit ist. Es ist Crissy, ein Crissy Dar , die ganze gesegnete Zeit, und ich weiß nicht, was diese faulen Nigger hier tun würden , wenn Crissy sich eine Idee machen würde . Mistiss hat die alte Charity in der Küche abgeholt und muss kochen und knurren , aber wenn jemand gut kochen muss

, muss Crissy loslegen und es tun. Es würde mir nicht so viel ausmachen“, fuhr Tante Crissy fort, „ auf jeden Fall. “ Nigger würden gerne etwas Einstreu in den Wein stecken , aber du weißt schon , Brer Harbert, wie zählt das nicht? Das ist es.“

„Ah, Herr! Das brauchst du nicht Sag mir, Schwester Crissy, ich weiß, ähm; Ich weiß ähm alle. Und ja Sie werden alle einen Tag später auf der Suche sein morgen Morgen , um zu sehen, was passiert Ich werde Ihnen helfen , das Weihnachts - Gif von Marster und Mistiss zu brüllen . Jetzt pass auf! Sie werden alle mutig sein Ist das nicht einer, der sich sehr nach dem Salz sehnt. Ich bin fast erschöpft. Diesen Morgen brüllte der Bestand im Lager nach dem Futter , und es war heller Tag. Den dar Wuz de Milkin ' : Schlagen Sie nach Sonnenaufgang , dass Marthy Ann den Kuhstall bekommen hat. Das Mädchenblut ist mit dir verwandt, Schwester Crissy, aber ich habe das Gesetz festgelegt; Ich habe es geschafft Das nächste Mal wird es Zeit , dass sie so spät rauskommt, ich wuz Ich bin bereit, mich umzudrehen , und ich bin bereit , es zu tun , damit der Herr mich schont.

„ Nein , Brer Harbert“, sagte Tante Crissy mit Nachdruck. „Du willst dir einen Pinsel und einen Korb besorgen Das Mädchen raus. Sie ist neu han ' wid de Kühe, aber tooby Sie sollte bei Sonnenaufgang rausgehen .“

„Ich bin sehr froh“, bemerkte Harbert und warf einen Blick auf die Kinder, die sich überhaupt nicht für die „ Sorgen “ dieser treuen Neger interessierten – „ Ich bin sehr froh darüber. “ Weihnachten ist so nah. Der Mais wird in der Krippe gemacht, das Futter in der Scheune, die Baumwolle und der Gin-Haus, die Schweine werden geschoren und aufgehängt, und die Nächstenliebe ist es nicht Möglicherweise hinter dem Truthahn im Topf. Dat ben ' de Fall, was für einen Mo ' kin wir axen, ' ceptin ', wir gehen auf de Flo ' und axt a segen ?“

„ Trüfe auch!“ rief Tante Crissy aus. „ Das bin ich nicht Quollin ', aber dieser Nigger ist so schändlich , faul Sie halten mich auf Trab.“

„Jasser!“ Harbert fuhr fort: „Die Designs sehen alle wie Deyer aus , oder? Wenn ich ganz flach hinlege und alles überlaufe, dann drücke, damit ich mich so gut fühle, dass ich eine tolle Mine habe, und dann hänge ich meine Socke rechts neben dem Kaminsims auf, baue dich auf und beobachte es Sehen Sie, wie der alte Sandy Claus herunterrutscht . Ef sein Fuß wuz Ter Slip, und er wuz ter Legen Sie sich auf das Topfgestell , ich lege ihn hin und wecke die ganze Plantage auf. „Meine Socke ist am Bein nicht besonders lang“, fuhr Harbert nachdenklich fort, „aber sie ist am Fuß ziemlich groß, ein toller alter Sandy Claus ter nehmen Sie eine Vorstellung fer ter Fülle es auf, sie würde seinen Geldbeutel um ein Vielfaches erleichtern .

„Hast du jemals deine Strümpfe aufgehängt, Harbert?“ fragte Willie.

„Warum auch? „ Schon Schatz", antwortete der Neger lachend. „Ich werde dich schon vor langer Zeit aufhängen und dir helfen geboren . Und ich habe auch Ter -Git-Goodies in ähm verwendet. Herr! Dem wuz mal, sho ' nuff . Früher habe ich Ter- Git-Leckereien verwendet, aber jetzt glaube ich, dass ich nicht mehr so viel Git pro Stück äh Mädels- Süßigkeiten nehmen würde. Aber, nummine'bout Das ! Ich werde die Nacht auflegen , und ich werde sehr froh sein, wenn ich ein knuspriges Brot bekomme . Das Kinderbrot ist für mich gut, besonders wenn es frisch ist."

„Mann, rede nicht!" rief Tante Crissy aus. „Sieht so aus, als würde ich es jetzt gleich probieren !"

„Tante Crissy, wirst du deine Strümpfe aufhängen?" fragte Wattie.

„Gott segne deine Seele, Schatz! Ich habe es schon verstanden. Ef' twan't Dass ich in einem alten Granny-Chaney-Haus schlafe und den Hausverwalter betreue comp'ny , ich glaube, ich würde auflegen. Aber sie sagen mir, dass es nichts nützt , wenn du deine Strümpfe in einem anderen Haus aufhängst . „Seitdem ist die alte Oma Chaney so unruhig , dass sie den alten Sandy Claus beinahe verjagen würde , wenn er anfangen müsste , zu kommen." Ich sage dir , Brer Harbert, dass die alte Kreatur es getan hat und dass sie es nicht tut skacely Schließe die Augen für den Schlaf der ganzen gesegneten Nacht. Sie macht den ganzen Tag über so viele Nickerchen, dass sie , wenn die Nacht kommt, immer wach ist Diese alte schwarze Katze bleibt in der Scheune wach .

„Dat ole'oman Gittin ' ole, Mann ", sagte Harbert . „Sie war schon erwachsen und hatte Ruhe , als ich ein kleines Baby bekam . Sie ist viel älter als ich, und ich bin selbst kein Huhn . Ich weiß nicht , ob sie es tut „Ich gehe zurück und zähle hoch, ähm, Chris-mases, sie hat fast so viel geschafft wie der alte Sandy Claus."

„Nun", sagte Tante Crissy und wechselte das Thema, „das tue ich nicht Gwine, lege keinen Stock auf , kaze ich flecke dat Was auch immer der alte Sandy Claus für mich hat, er wird es irgendwo im großen Haus aufhängen , und wenn ich morgens Mister und Mistis anschreie , holen sie es raus.

„Das stimmt", sagte Harbert . „ Ja, ich habe eine wirklich gute Idee, meine aufzuhängen und den Tisch zu nehmen ." Aber ich würde viel lieber sagen , dass das zu groß ist , um reinzukommen ."

„Nun, wir werden unsere Strümpfe aufhängen", sagte Willie. „Ich werde meine beiden aufhängen, und Wattie sagt, dass sie ihre beiden aufhängen wird."

„Das stimmt, Schatz; und wenn dat Es ist doch nicht nuff , da herumzuwirbeln und einen Essensbeutel aufzuhängen. Ich habe das Jahr hinter mir und erzähle jetzt den Leuten, was große Taschen und Strümpfe aufhängen sollen . Whedder Sie haben kein Problem mehr , und die Leute sind bereit , das kann ich euch sagen.“

„Harbert“, sagte Wattie, „glaubst du, dass wir überhaupt etwas bekommen ?“

„Oh, ich flecke so“, sagte der Neger. „Ich rede nicht von Jahr zu Jahr, ähm, du bist schon so lange so schlimm. Du schneidest manchmal scan'lous ab , aber es ist kaze „ Du Kumpel , der nervt dich.“

Dieser Vorschlag machte Willie so wütend, dass er drohte, in das große Haus zurückzukehren und zu Bett zu gehen, und er wäre gegangen, wenn nicht Tante Crissy eine Bemerkung gemacht hätte – eine Bemerkung, die ihn seinen Zorn vergessen ließ.

„Dey sagt mir “, sagte Tante Crissy in gedämpftem Ton , „ dass die Kühe wissen, wann Weihnachten ist, und viele sagen mir , dass meine Mutter sagen wird , wann zwölf Uhr an Weihnachten ist – Abends geht die Kuh auf dem Hof auf die Knie und bleibt dort eine Weile weg. Hätte mir sonst jemand gesagt, dass ich ähm angeschrien hätte, aber, Mama, sie sagte , sie hätte es getan, um es zu tun. Ich werde es nie selbst machen , aber Mama sagt, sie macht es.“

„Ich bin ein Jahr lang darüber geredet „Meine Güte “, sagte Harbert ehrfürchtig, „und sie haben mir gesagt , dass das Vieh sich hinlegt und betet, um zu beten. “ Das ist die Zeit, in der der Herr und Erlöser sein wird wuz geboren .

Jetzt schlagen Sie doch nicht alles!“ rief Tante Crissy aus. „Wenn die dummen Kreaturen die Pra'rs sagen , weiß ich nicht, was die Leute tun sollten .“

„An‘ Dar's de Chickens“, fuhr Harbert fort – „ sehen aus, als ob sie die kennen .“ Sumpf und up. In dieser Nacht des ersten Jahres krähen die Hähne um sieben Uhr . Ich erzähle das Jahr Sie krähen so bald zum Zeichen , dass Petrus seinen Herrn und Marster verleugnet hat.“

„Ich glaube, das ist so“, sagte Tante Crissy.

„Klicken Sie auf „ Bleedze“. Es kann so sein“, antwortete der alte Mann mit dem Nachdruck, der aus Überzeugung kommt.

Dann deutete er an, dass es Zeit für die Kinder sei, ins Bett zu gehen, wenn sie am nächsten Morgen früh aufstehen wollten, um zu sehen, was Sandy Claus mitgebracht hatte. Dies war ein Vorschlag, den die Jugendlichen zu schätzen wussten, und sie kletterten aus der Tür und rannten zum großen Haus.

Vor Sonnenaufgang war die Plantage in Aufruhr. Die Neger, herausgeputzt in ihre Sonntagskleidung, lachten, sangen, kämpften und spielten. Die Maultiere und Pferde, die für einen Feiertag auf der Weide gefüttert und gewendet worden waren, tummelten sich umher; Die Kühe bellten zufrieden, die Hunde bellten, die Gänse schrien, die Truthähne jaulten und schmatzten und die Hühner gackerten. Ein ehrwürdiger Ziegenbock mit patriarchalischem Bart und den Ringen vieler Sommer auf seinen breiten, zerknitterten Hörnern war einen der langen Arme der Packschnecke hinaufmarschiert und saß nun regungslos auf der Spitze dieses malerischen Bauwerks , was eine malerische Bereicherung der Landschaft darstellte, während er sich als Umrisse vor dem rötenden östlichen Himmel abzeichnete.

Willie und Wattie waren so früh wach, dass sie im Dunkeln nach ihren Strümpfen tasten mussten, und ihre Freudenschreie, als sie feststellten, dass sie gut gefüllt waren, erregten den Rest des Hauses. Als das Frühstück zu Ende war, waren alle Neger im Hof versammelt und schienen genauso glücklich zu sein wie die Kinder, wie ihr Lachen und ihre Possen bezeugten. Über ihnen allen thronte Big Sam, ein Riese von der Größe und ein Kind im Wesen. Er war weithin für seine Kraftleistungen bekannt. Er konnte einen Ballen Baumwolle mit einem Gewicht von fünfhundert Pfund schultern und auf einen Wagen legen; und obwohl er stolz auf seine Fähigkeiten in dieser Richtung war, war er nicht zu stolz, bei all dem Spaß der Anführer zu sein. Er war noch voller Lachen und guter Laune als seine Kameraden, und an diesem besonderen Morgen, während die Neger auf die üblichen Weihnachtsereignisse warteten, stimmte Big Sam mit glitzernden Augen und strahlend weißen Zähnen die Melodie einer Plantage an Play-Song, und in wenigen Minuten hatte sich die düstere Menge in Gruppen geordnet, und alle stimmten in das Lied ein. Kein Musikdirektor hatte jemals einen melodischeren Refrain als der, der der Führung von Big Sam folgte. Es war zwar kein geübter Chor, aber die Melodie, die er den Winden des Morgens gab, war von einer unbeschreiblich rührenden und zarten Qualität erfüllt.

Mitten im Lied erschien Mr. Turner auf der hinteren Piazza, und sofort ertönte ein Ruf:

„ Weihnachtsgif , Marster ! Weihnachts- GIF!" und dann, einen Moment später, ertönte der Schrei „ Weihnachtsgif , Mistiss !"

„Wo ist Harbert?" fragte Mr. Turner, winkte mit der Hand und lächelte.

„Hier bin ich, Marster !" rief Harbert aus und trat aus einer der Gruppen hervor.

„Warum, du hast nicht gespielt, oder?"

„Ich versuche es mit meinem Han , ja , und ich bin froh, dass du rauskommst, aber ich bin nicht so flink wie ich es tue .“ wuz . Sie haben mich mittendrin erwischt , und ich konnte auf keinen Fall wieder raus . “

„Hier sind die Lagerschlüssel. Geh und öffne die Tür und ich werde sofort da sein.“

Es war eine lebhafte Menschenmenge, die sich um die breite Tür des Lagerraums versammelte. Für jeden der Älteren gab es einen kräftigen Schluck, und für alle, ob alt oder jung, gab es irgendein Geschenk. Auch die Geschenke waren von gehaltvollem Charakter. Wer selbst Feldfrüchte angebaut hatte, fand direkt vor der Haustür seines Herrn einen lukrativen Markt. Einige von ihnen hatten auf dem Land, das sie bebauen durften, bis zu zwei Ballen Baumwolle geerntet, während andere gute Maisernten erzielt hatten – die allesamt von ihrem Herrn gekauft wurden.

Dann wurde der große Sechs-Maultier-Wagen in Dienst gestellt, und darin wurden die aus Rindenschalen und Wahoo-Rinde gefertigten Pferdehalsbänder, die Körbe, die Fußmatten, die Besen, die Spazierstöcke und die Axt verpackt. Hehelfe, die in der neun Meilen entfernten Stadt einen Markt finden sollten.

Trotz des Krieges war es eine glückliche Zeit, und Joe Maxwell war genauso glücklich wie alle anderen.

KAPITEL IX
Deserteure und Ausreißer

Frieden , aber der Krieg hat lange Arme und ließ seine Gaben der Armut und Entbehrung in vielen bescheidenen Häusern zurück, mit denen Joe Maxwell vertraut war. Auch der Krieg hat sein Programm, und vieles davon war nicht nach Joes Geschmack. Für den Kaffee gab es verschiedene Alternativen: Süßkartoffeln, gehackt und getrocknet, geröstetes Mehl, gerösteter Roggen, geröstete Okrasamen und Sassafras-Tee. Joes Getränk war mit Sorghumsirup gesüßtes Wasser und er empfand es als sehr erfrischendes und gesundes Getränk. Einige der in der alten Kolonialzeit beliebten Gerichte wurden wiederbelebt. Es gab Kakibrot; Was könnte köstlicher sein als das? Doch ein wenig davon hat viel bewirkt, wie Herr Wall immer sagte. Und es gab Kartoffel-Pone – gekochte, geknetete, in Scheiben geschnittene und gebackene Süßkartoffeln. Und dann gab es Callalou – eine Mischung aus Kohl, Poke-Salat und Rübengrün, die zum Abendessen gekocht und zum Abendessen gebraten wurde. Dies war die Erfindung von Jimsy , einem alten Neger, der aus Westindien mitgebracht wurde und mit bürgerlichem Namen Zimzi hieß und immer weglief, wenn ihn jemand ausschimpfte.

Zimzi.

Der altmodische Webstuhl und das Spinnrad blieben in Betrieb und die Frauen stellten ihre eigenen Färbemittel her. Die Mädchen fertigten ihre Hüte aus Roggen- und Weizenstroh, und einige sehr hübsche Hauben wurden aus der faserigen Substanz hergestellt, die in dem Gemüse wächst, das als Haubenkürbis bekannt ist.

Alle Seiten waren sich einig, dass die Zeiten sehr hart waren, und dennoch kamen sie Joe Maxwell sehr angenehm und angenehm vor. Er hatte noch nie so viel Geld gesehen . Jeder schien etwas davon zu haben, und doch hatte niemand genug. Es stand alles auf Banknoten der Konföderierten, und sie waren alle neu und frisch und knackig. Joe hatte selbst etwas davon und dachte, er würde reich werden. Aber je reichlicher das Geld wurde, desto höher stieg der Preis für alles.

Nach einer Weile bemerkte Joe, dass die älteren Männer ernster wurden. In den Zeitungen gab es Beschwerden über Spekulanten und Erpresser – über Männer, die die Witwen und Ehefrauen der Soldaten misshandelten. Und dann wurde ein Gesetz erlassen, das es den Bauern untersagte, nur so viele Hektar Land mit Baumwolle anzupflanzen, dass mehr Nahrung für die Armee erzeugt werden konnte. Danach kam das Impressionsgesetz, das den Beamten der Konföderierten das Recht gab, Privateigentum, Pferde, Maultiere und Proviant zu beschlagnahmen. Und dann kam das Wehrpflichtgesetz.

Unter den Männern, die zu Hause waren, herrschte Unzufriedenheit, es blieb ihnen jedoch nichts übrig, ernsthafte Beschwerden vorzubringen. Einer nach dem anderen ergriffen die Wehrpflichtigen alle bis auf die Befreiungspflichtigen und trieben sie eilig an die Front. Diejenigen, die es für eine Schande hielten, eingezogen zu werden, meldeten sich entweder freiwillig oder engagierten sich als Stellvertreter.

Dies ist die Zusammenfassung der ersten drei Kriegsjahre, soweit sie Joe Maxwell betrafen. Der Eindruck, der auf ihn gemacht wurde, war ein langsames und allmähliches Wachstum. Er wusste nur, dass es überall im Land Unruhe und Verwirrung gab. Er konnte später erkennen, was für eine einsame und verzweifelte Zeit es für diejenigen gewesen sein musste, die Verwandte im Krieg hatten; Aber zu dieser Zeit waren ihm all diese Dinge so fern wie ein Traum, an den man sich nur halb erinnert. Er stellte die Artikel des Herausgebers zusammen und kritisierte Gouverneur Joe Brown für einige Angriffe, die er auf die Regierung der Konföderierten unternommen hatte, ohne sie vollständig zu verstehen. und er ließ Mr. Wall, den Hutmacher, der ein gewalttätiger Sezessionist war, zurück, um die Situation mit Mr. Bonner, dem Aufseher, zu besprechen, der ein Whig und so etwas wie ein Unionsmann war.

Eines späten Nachmittags, nachdem er einem hitzigen Streit zwischen Mr. Wall und Mr. Bonner zugehört hatte, kam Joe zu dem Schluss, dass er mit den Geländeläufern über die Felder laufen würde. Also rief und pfiff er nach ihnen, aber sie kamen nicht. Harbert glaubte, sie seien einigen Plantagenarbeitern gefolgt, aber da dies selten vorkam, war Joe der Meinung, dass sie auf eigene Faust auf die Jagd gegangen waren. Sie waren sehr beschäftigte und unruhige kleine Hunde, und es war nicht ungewöhnlich, dass sie für sich selbst auf Kaninchenjagd gingen. Als Joe auf Mr. Snelsons Haus zuging, glaubte er zu hören, wie sie auf der anderen Seite der Plantage ein Kaninchen trieben. Er ging in diese Richtung, stellte aber nach einer Weile fest, dass sie auf dem Weg zu Jack Adams waren, und als er näher kam, schienen sie sich immer weiter zu entfernen. Als er sich schließlich die Hunde ausgedacht hatte, stellte er fest, dass es sich dabei überhaupt nicht um die Geländeläufer handelte, sondern um eine Menge Hunde und „ Fices ". Und dann – wie es dazu kam, konnte er sich nie erklären – entdeckte Joe plötzlich, dass er verloren war.

ihm die Idee nie gekommen wäre, wäre er vielleicht nie verloren gewesen, aber der Gedanke schoss ihm durch den Kopf und blieb dort. Er blieb wie angewurzelt stehen und blickte sich um, doch der Gedanke, dass er wirklich verloren war, verwirrte ihn. Er hatte keine Angst – er war nicht einmal unruhig. Aber er wusste, dass er verloren war. Alles war seltsam und verwirrend. Sogar die Sonne, die sich gerade aufs Zubettgehen vorbereitete, stand am falschen Ort. Joe lachte über sich selbst. Gewiss konnte er auf dem Weg zurückkehren, den er gekommen war, also drehte er sich, wie er dachte, um und machte sich auf den Heimweg.

Beim Gehen und Laufen ging er schnell voran, und das war auch nötig, denn die Sonne war hinter einer Wolke verschwunden, und die Wolke, schwarz und bedrohlich, stieg auf und füllte den Himmel. Wie lange er schon unterwegs war, wusste Joe nicht, aber plötzlich befand er sich in der Nähe einer alten Hütte. Es war aus Baumstämmen gebaut und der Schornstein, der aus Stöcken und rotem Lehm bestand, wäre fast eingestürzt. Der Junge wusste, dass diese Hütte weder auf der Turner-Plantage noch auf dem Anwesen von Jack Adams lag. Er hatte noch nie gehört, dass einer der Neger darauf anspielte, und ihm wurde klar, dass er von zu Hause weggelaufen war.

In der Nähe des verlassenen Hauses befanden sich die Überreste eines Obstgartens. Ein zackiger und unförmiger Birnbaum wuchs nicht weit von der Tür entfernt, während ein Apfelbaum, dessen Stamm teilweise verrottet war, in der Nähe einer Ecke der Hütte stand. Ein Bewuchs von Kiefern und Buscheichen zeigte, dass der Ort viele lange Jahre lang verlassen gewesen war. Eine Viertelmeile entfernt konnte Joe durch die zunehmende Dunkelheit einen weißen Streifen am Horizont schimmern sehen. Er wusste, dass es sich um Nebel handelte und dass er aus dem Fluss aufstieg. Als er der Nebellinie folgte, konnte er erkennen, dass die Hütte in einer Flussbiegung lag – dem „Hufeisen", wie er es genannt hatte – und er wusste, dass er mindestens vier Meilen von zu Hause entfernt war. Zu diesem Zeitpunkt hatte die Wolke den ganzen Himmel bedeckt. Weit weg im Wald konnte er den Sturm kommen hören, der sich zunächst wie ein langgezogener Seufzer anhörte und dann mit rauschendem Rauschen und Brüllen nachließ. Joe hatte keine andere Wahl, als im alten Haus Schutz zu suchen. Er war ein mutiger Junge, und dennoch konnte er dem Gefühl des Unbehagens und der Angst nicht widerstehen, das ihn bei dem Gedanken überkam, die Nacht an diesem einsamen Ort zu verbringen. Aber es gab keine Hilfe dafür. Er konnte in der Dunkelheit nie den Weg nach Hause finden und so machte er das Beste aus einer ihm sehr schlimm erscheinenden Angelegenheit. Die Hütte war fast ein Wrack, aber sie diente dazu, den Regen abzuhalten.

Joe ging hinein und erkundete das Innere so sorgfältig, wie er in der Dunkelheit konnte. Als er eintrat, rasselte eine Waldratte oder ein fliegendes Eichhörnchen über die Dachsparren, und die losen Balken, aus denen der Boden bestand, bewegten sich auf und ab, als er darüber ging. Als er in einer Ecke herumtastete, fand er einen Haufen Getreideschalen – Maishülsen – und Stroh, und er kam zu dem Schluss, dass die alte Hütte manchmal als provisorische Scheune genutzt worden war. Nachdem er sich vergewissert hatte, dass dort keine andere Person oder Kreatur Zuflucht gesucht hatte, versuchte Joe, die Tür zu schließen. Er fand, dass dies eine schwierige Angelegenheit sei. Die Fensterbank des Hauses hatte sich gesenkt, so dass die Tür auf dem Boden lag. Er schob es so weit es ging, tastete sich dann zurück zu den Hütten und machte daraus schnell ein Bett. Er war erschöpft, und die Hütten und das Stroh bildeten eine bequeme Pritsche – tatsächlich so bequem, dass es, als er sich zu dem Schluss entschlossen hatte, dass es eine angenehme Sache war, dort zu liegen und dem Regen zuzuhören, der auf das Wetter prasselte – geschlagenes Dach, er schlief tief und fest.

Wie lange er schlief, wusste er nicht, doch plötzlich erwachte er und stellte fest, dass er nicht der Einzige war, der in der Hütte Schutz gesucht hatte. Der Regen fiel immer noch auf das Dach, aber er konnte jemanden mit leiser Stimme sprechen hören. Er lag ganz still und lauschte mit allen Ohren. Bald stellte er fest, dass es sich bei den Neuankömmlingen um Neger handelte, ob zwei oder drei, konnte er nicht sagen. Jetzt konnte er verstehen, was sie sagten. Der Sturm hatte aufgehört, so dass er ihre Stimmen nicht mehr übertönte.

„Ich sage dir was, Mann ", sagte einer, „der alte Indianer-Bill läuft weg , wenn er stämmig ist."

„Herrgott! Ich musste weglaufen , um mit dem alten Mink mithalten zu können . sagte der andere.

"Gesundheit!" antwortete die erste Stimme: „ Ich renne lieber weg, wenn ich mich umdrehe , sonst hätten mich der alte Bill Locke und seine Niggerhunde längst erwischt."

„Sie waren nicht hinter mir her", sagte die zweite Stimme, „aber ich bin jeden Tag ein Gespenst , und wenn sie es tun – Herren !" Ich bin ein- gwine ter kratzen Kies! Du hörst, was ich dir sage!"

„Ich komme so weit ", bemerkte die erste Stimme, „ dass alles , was ich getan habe, aus meiner Tasche sprang."

„Was willst du mit so vielen Rosskastanien machen ?" fragte die zweite Stimme.

"WHO? Mich! Oh, dafür würde ich mir etwas sparen „Du bist ein weißer Junge, der lange an der Druckmaschine bleibt ", sagte die erste Stimme. „Er hat mich einmal lange gehalten. Harbert, sagt er Dieser weiße Junge ist des Guten für die Nigger ef Es geht ihnen allen gut ter Ich bin , und er sagt, er hätte mich erwischt . Das sagt Harbert."

Ich verstehe ", sagte die zweite Stimme. „Ich selbst mag keine Weißen , aber ich habe das Gefühl, dass der Junge gut darin ist . " Er ist aus der Fum-Town-Stadt gekommen.

Joe Maxwell wusste sofort, dass eine der Stimmen Mink, dem Ausreißer, gehörte, und er vermutete, dass die andere dem Injun Bill gehörte, dessen Ruf sehr schlecht war. Er wusste auch, dass die beiden Neger über ihn sprachen, und er freute sich nicht nur über die ihm gemachten Komplimente, sondern fühlte sich auch sicherer, als wenn er allein in der Hütte gewesen wäre. In einem Geist des Unfugs rief er mit einer Grabesstimme:

„Wo ist Mink? Ich will Nerz!"

Er versuchte, den Ton nachzuahmen, den er manchmal von Müttern gehört hatte, wenn sie mit dem Drehgestellmann versuchten, weinende Kinder zum Schweigen zu bringen. Von Mink kam keine Antwort, aber Joe konnte die beiden Neger schwer atmen hören. Dann imitierte er die Stimme einer Frau und rief:

„Wo ist Injun Bill? Ich will Injun Bill!"

Als Joe sich vorstellte, wie entsetzt die Neger waren und wie sie aussahen, als sie vor Angst zitternd auf dem Boden saßen, konnte er sich nicht zurückhalten. Er verfiel in einen Anfall unkontrollierbaren Gelächters, der dazu führte, dass er die Schalen über den Boden verteilte. Dieses völlig unverantwortliche Vorgehen steigerte den Schrecken der Neger. Indian Bill machte, wie sich später herausstellte, einen wilden Satz zur Tür, doch sein Fuß blieb in einem Spalt im Boden hängen und er stürzte kopfüber. Auf ihn fiel Mink, und jeder dachte, er sei von dem Ding erwischt worden, das ihn erschreckt hatte. Sie lieferten sich ein furchtbares Handgemenge auf dem Boden und wanden sich bei ihren Fluchtversuchen übereinander und untereinander. Schließlich drückte Mink, der mächtigere der beiden, Injun Bill zu Boden.

"Wer ist das?" schrie er und atmete schwer vor Angst und Aufregung.

"Mich! „Wer ist das?" sagte Injun Bill wütend. „Was machst du neben mir?"

Diese Komplikation brachte Joe Maxwell zum Lachen, bis er kaum noch zu Atem kam. Aber endlich gelang es ihm, seine Stimme zu kontrollieren.

„Was zum Teufel versucht ihr beiden zu tun?"

„Name er de Lord!" rief Mink, „Wer bist du überhaupt?"

„Das möchte ich wissen ", sagte Injun Bill mürrisch.

„Warum, du hast gerade über mich gesprochen", antwortete Joe. „Ich lag da auf den Hütten und hörte, wie du mir einen tollen Namen gegeben hast."

„Bist du das , kleiner Mistkerl ?" rief Mink. „Na, na ja ! Ef dat, verliere nicht meine Zeit! Wie kommt es, dass du einen Pelz-Weg- Fum sechst? „ Ihre Umgebung ?"

Joe erklärte so kurz wie möglich, dass er verloren war.

"Gut gut gut!" sagte Mink als Kommentar. „Gib mir bitte mal Zeit, an die Reihe zu kommen . Kleiner Junge , ich dachte, der alte Junge hätte mich. Wenn ich das höre, wäre ich allein in der Mülltonne Ich rufe an, ich würde die ganze Seite des Hauses niederlegen. Dein Nigger ist schon lange bei mir, kleiner Mistkerl , er nennt Injun Bill. Er sagt –“

„‚ Sch - sch !‘ sagte Injun Bill leise. Dann flüsternd : „ Pass auf!“

Joe wollte gerade etwas sagen, aber plötzlich hörte er das Geräusch näherkommender Schritte. Mit einer geräuschlosen Bewegung traten die Neger dicht an die Wand. Joe lag still. Die Neuankömmlinge betraten ohne zu zögern die Tür. Offensichtlich waren sie schon einmal dort gewesen.

„Ich werde meine Waffe hier in die Ecke legen“, sagte einer. „Nun, stolpern Sie nicht herum und stoßen Sie es nicht um; es könnte losgehen.“

„In Ordnung“, sagte der andere. "Wo ist es? Ich lege meins daneben.“

Dann schienen sie ihre Gürtel zu öffnen.

„ Hast du kein Streichholz?“ sagte einer. „Ich bin so nass wie eine ertrunkene Ratte. Ich habe irgendwo ein paar nette Worte zu meinem Lückentext. „Mein Wille, wenn ich es frittieren ließe“, fuhr er fort, „wäre, dass ich vor einem großen, großen Kamin zum Trocknen abgestellt werde, und dabei immer im Wissen, dass ein großes, großes Tablett mit heißen Keksen da ist . “ In der Küche warteten sieben Pfund Butter auf mich.

„Donner!“ rief der andere, „rede nicht so. Du machst mich so nervös, dass ich die Streichhölzer nicht finden kann.“

„Na ja“, sagte der erste, „ich habe gerade über das Essen nachgedacht . Ich wünschte, Mink'ud käme, wenn er kommt .

„Ich bin gekommen, Mars John“, sagte Mink.

„Verdammt, deine schwarze Haut!“ rief der Mann aus; „Wenn ich meine Waffe hätte , würde ich dir ein Loch in den Leib schießen ! Wofür willst du mich um ein Jahr Wachstum bitten ? Wenn Sie hier sind, warum machen Sie dann nicht eine Sitzung ? bevor du gesprochen hast?“

„ Kaze, ich habe Gesellschaft “, sagte Mink.

Der Mann gab einen langen Pfiff von sich, der seine Überraschung signalisierte. „Wen hast du?“ fragte er fast wild.

„Injun Bill.“

"Wer sonst?"

„Ein weißer Junge.“

„Na ja, die großen Schlangen! Was für ein Spiel hast du vor? Wer ist der weiße Junge?“

„Er bleibt auf der Turner-Plantage im Druckbüro “, erklärte Mink.

„Das hörst du, nicht wahr?“ sagte der Mann zu seinem Begleiter. „Und jetzt wird alles in der Zeitung stehen.“

„Bosh!“ rief Joe aus. „Ich kenne dich nicht von einer Seite aus Sohlenleder. Ich habe mich bei der Kaninchenjagd verlaufen und bin aus dem Regen hierhergekommen.“

„Er ist ein Kerl, der Birnen redet “, sagte der Mann, der ein Tablett voller heißer Kekse und elf Pfund Butter essen wollte.

„Er kam aus der Fum Town“, sagte Mink und erklärte damit Joes „ Persönlichkeit “.

„Wie lange ist das her?“ fragte einer der Männer.

„Vor zwei Jahren“, sagte Joe.

Nach einer Weile gelang es einem der Männer, ein Streichholz zu finden und mit den Kiefernholzstücken, die einer der beiden mitgebracht hatte, ein Feuer anzuzünden. In einer Ecke fand Mink ein paar trockene Holzstücke und schon bald brannte in der kleinen Firma ein Feuer. Das Wetter war nicht kalt, aber das Feuer muss für die weißen Männer sehr angenehm gewesen sein, die, wie einer von ihnen es ausdrückte, „ sich winden und nass“ waren. Diese Männer nutzten die erste Gelegenheit, um Joe Maxwell genau zu untersuchen. Offensichtlich hatten sie damit gerechnet, einen viel beeindruckender aussehenden Menschen zu finden, als er zu sein schien, denn einer von ihnen bemerkte zum anderen:

„Na ja, das ist er nicht Größer als ein Pfund Seife nach einem anstrengenden Tag beim Waschen .“

„Nein!“ sagte der andere. „Ich habe gesehen, dass ich da bin . Er ist dieser kleine Hahn, der in der Stadt herumlaufen muss und in allen möglichen Teufeleien herumtollt . Ich schätze, er ist dabei, sein Element hier im Land zu finden.“

„Ich habe dich auch gesehen“, sagte Joe. „Ich habe euch beide gesehen. Ich habe dich immer bei den Hillsborough Rifles trainieren sehen. Ich war im Depot, als die Firma in den Krieg zog.“

Die beiden Männer sahen einander auf seltsame Weise an und beschäftigten sich damit, ihre Kleidung am Feuer zu trocknen, während sie dicht neben den flackernden Flammen standen. Sie waren keine gutaussehenden Männer, und doch sahen sie nicht schlecht aus. Einer war klein und kräftig und hatte schwarzes Haar. Er hatte eine Narbe unter einem seiner Augen, die sein Aussehen nicht verbesserte. Aber sein Gesichtsausdruck war trotz dieses Mangels angenehm. Der andere war dünn, groß und krummschultrig. Sein Bart war spärlich und rot, und seine oberen Zähne standen so weit hervor, dass sie im Ruhezustand seines Gesichts sichtbar waren. Aber in seinen Augen lag ein humorvolles Funkeln, das in seiner Rede ein Echo fand. Beide Männer wurden grau. Der dunkle Mann war Jim Wimberly, der andere John Pruitt, und beide hatten offensichtlich schwere Zeiten erlebt. Nach Soldatenart bauten sie sich Sitze, indem sie die Enden loser Bretter durch die Ritzen steckten und die anderen Enden auf dem Boden ruhen ließen. So konnten sie nach Belieben in voller Länge sitzen oder liegen. Joe richtete sich auf die gleiche Weise einen Sitzplatz ein, während Mink und Injun Bill auf beiden Seiten des Kamins auf dem Boden saßen.

„Wie nennt man diese Kerle hier", fragte Mr. Pruitt, zündete seine Pfeife mit einem Splitter an und wandte sich an Joe – „ Diese Kerle hier gehen zur Armee und kommen dann eine Weile ohne Führerschein oder Lizenz nach Hause?"

„Deserteure", antwortete Joe schlicht.

„ Also Fell , so gut." sagte Herr Pruitt. „Nun, wie nennt man denn die Kerle, die in der Armee unterwegs sind ? Ihnen wurde gesagt, dass ihre Familien von den reichen Leuten zu Hause benachteiligt und versorgt würden ; und dann, arter Sie waren in einer ziemlich schlauen Lage, sie haben erfahren, dass ihre Frauen und Kinder dem Hunger ins Gesicht sehen, ein Stedder Ist es besser, es wird wuss, und wenn sie sich losreißen und nach Hause kommen? Wie nennst du sie denn denn für Kerle? Festhalten!" rief Herr Pruitt, als Joe gerade antworten wollte. "Warten! Sie haben kein Geld und keine Nigger; Sie haben nichts außer einem kleinen Stück ähm . Sie machen sich auf den Weg und erwarten , dass ihre Frauen vergewaltigt werden , und dann kommen sie nach Hause und bestrafen sie in den letzten Zügen. Wie nennst du sie Sortierer?"

„Nun", antwortete Joe, „so etwas habe ich noch nie gehört."

„Nein", sagte Mr. Pruitt, „und es tut mir sehr leid, dass Sie jetzt davon gehört haben." Es ist keine reine Geschichte."

„Wer sind die Männer?" fragte Joe.

„Mit freundlichen Grüßen John Pruitt und Jeems Wimberly, Bezirk Ashbank , Postamt Hillsborough, Bundesstaat Georgia", sagte Herr Pruitt feierlich.

Joe hatte Andeutungen und Gerüchte gehört, dass die Familien der Soldaten in manchen Fällen, insbesondere dort, wo sie weit entfernt von den

Hilfskomitees lebten, nicht so gut versorgt waren, wie sie zu Recht erwarten durften. Er hatte sogar einige Leitartikel in *The Countryman* veröffentlicht, die andeuteten, dass unter den Frauen und Kindern der Soldaten Leid herrschte; Aber er hätte nie gedacht, dass es ernst genug war, um Unzufriedenheit unter den Soldaten hervorzurufen. Die Geschichte, die Mr. Pruitt und sein Begleiter erzählten, überraschte Joe Maxwell, aber sie muss hier nicht im Detail wiederholt werden. Es kam darauf hinaus, dass die beiden Soldaten desertiert waren, weil ihre Frauen und Kinder um Nahrung und Kleidung litten, und dass sie nun auf der Flucht waren.

KAPITEL X
DIE ERZÄHLER

Die seltsame Gesellschaft schwieg lange Zeit. Mr. Pruitt und Mr. Wimberly saßen mit den Ellenbogen auf den Knien und den Gesichtern in den Händen und starrten in den Kamin, während die beiden Neger, ihrer Natur treu, zu nicken begannen, als das Gespräch aufhörte. Das Schweigen wurde für Joe Maxwell schließlich schmerzhaft.

„Mink", sagte er, „angenommen, Sie würden jemanden kommen hören, was würden Sie tun?"

„Ich hätte mir schon vor einiger Zeit Sorgen darüber gemacht", antwortete der tapfere Neger und fuhr sich mit der Hand schnell übers Gesicht . „Ich glaube, ich wäre wie das alte Schaf, von dem man in der Geschichte reden hört."

„Was war die Geschichte?" fragte Joe.

„Oh, das ist keine lange Geschichte", sagte Mink. „ Einmal dey Wuz äh, alte Schafe, die zwei Chilluns hatten . Eines Tages ruft sie ihn an und erzählt ihm das Halten Sie besser Ausschau, während Sie Kaze essen ef Sie machen keinen Sumpf _ heilig gwine git ähm. Sie sagen „Ja," und gehen weiter tummeln sich auf und ab . Bimeby kam zurückgerannt und sagte leise: „Oh, Mama, das ist ein Mann! Müssen wir alle rennen?

„Ole Mammy Sheep, sie sagte leise: ‚Nein! Gehen Sie lange und spielen Sie.

„Nach einer Weile kommen sie zurückgerannt und sagen: ,Mammy, Mammy! Du bist ein Idiot! „Müssen wir alle rennen?"

„Ole Mammy Sheep 'low: " G'way Frum hier! Gehen Sie auf ein Theaterstück.

„ Bimeby kommt zurückgerannt . „Mami, Mama! Du bist eine Kuh! „Müssen wir alle rennen?"

„Alte Schafsmütter sagen: ,Mach ein Spiel, und hör auf mit deinem Benehmen ! "'

„Bis später kommen sie zurückgerannt . „Mami! oh, Mama! Du bist ein Hund! Müssen wir alle rennen?

"'Ja ja! Lauf, chillun , lauf!'

„Das hat mich getroffen ", sagte Mink. „Wenn ich wuz Wenn ich etwas Ungewöhnliches höre , wüsste ich nicht, ob es so ist Ich bleibe stehen und nicke oder weide Ich werde brechen und weglaufen.

„Das ist keine große Geschichte", bemerkte Mr. Pruitt, „aber es steckt viel mehr Sinn dahinter, Shore."

„Huch!" rief Mink aus, „ dat ist keine Geschichte. Du solltest hören, wie dein Indianer-Bill es dir erzählt . „Er hat die ganze Nacht lang draußen gespuckt. – Bill", sagte er und drehte sich zu seinem Begleiter um, „erzähl ihm, dass es etwas mit den Bergen zu tun hat."

„Oh, ich kann es nicht sagen ", sagte Injun Bill und markierte nervös den Boden mit einem Splitter. „Wenn ich ihnen sagen könnte , dass sie mein Daddy sind, dann wären sie wie Sumpf . Ich und meine Mutter kommen aus Norf Ca'liny . Mein Daddy wuz Injun, wenn du ihn diese Geschichten erzählen hören könntest, würde er dir die Augen öffnen . "

„Wie haben die Berge Wuz de Mountains gemacht, Bill?" fragte Mink nach einer Pause.

„Ich wünschte, ich könnte es wie mein Vater erzählen", sagte Bill. „Er wuz Cher'kee Injun, und er weiß alles darüber, aber er sagt, die Indianer seien schon lange hier für die Weißen , ganz zu schweigen von den Niggern.

„Na ja, einmal dey Wuz eine große Überschwemmung. Es regnet so stark und es regnet so lange , dass es ziemlich kalt wird . Es gab viel mehr Wasser als das, was in unseren Frischwassern enthalten ist, und es wurde so schlimm, bis die Leute irgendwo einen Platz finden mussten , wo sie waren Du bleibst, Kaze ef Sie werden nicht alle ertrinken , das gilt auch für De- Cree -Turns.

„Nun, eines Tages rief der große Indianermann sie alle zusammen und sagte, sie müssten umziehen . Also verstauen Sie die Lücke, die Töpfe und die

Pfannen und folgen Sie ihnen lange nach dem großen Injun und den Creeters Sie kommen auch noch lange. Sie marschieren und marschieren , und dann kommen sie vorbei dey Wuz ein großes Loch im Boden . Sie marschieren ein und der große Indianer bleibt Dahinter muss das Loch verschlossen werden, damit kein Wasser eindringen kann . Sie wollen es nicht lange wissen Sie befanden sich in der Mitte der Welt , tief unter der Erde , und sie hatten jede Menge Platz. Sie haben die Feuer gemacht und die Vittles des gleichen Ez gekocht ef Sie waren oben auf dem Boden gewesen .

„Sie blieben dort, ich weiß nicht wie lange, und irgendwann wurden sie müde , weil sie dort blieben , und sie wollten rauskommen . Einige von ihnen gingen auf die Jagd nach dem Loch Sie kommen rein, können es aber nicht schaffen, und dann sagen sie es skeered dey Es wird nie Wein geben Ter git raus. Aber die großen Indianer sagen, sie hätten noch viel Zeit, Kaze Wenn sie rausgehen, werden sie wissen , wann der Regen aufhört. Er sagt Ef de Smoke Kin git out dey kin git out. Denen ist klar , dass er gut weinen kann , wenn es regnet, und er sagt , er weint Es gibt einige Kreaturen, die aus dem Loch strömen, aus dem der Rauch ausgeht, und aus dem der Regen kommt.

„Den großen Indianer ging er vorbei, um zu studieren und zu studieren, wie er aus dem Loch schlüpfte , aus dem der Rauch ausging . Er hat den Hund geschickt – der Hund kann es nicht schaffen. Er hat den Waschbären geschickt – der Waschbär kann es nicht schaffen. Er hat das Kaninchen geschickt – das Kaninchen kann es nicht schaffen. Dann machte er sich auf den Weg und lernte ein paar Monate , bis die Zeit gekommen war und er den großen Indianer getötet hatte, der ihn so einsam aussehen ließ.

„Der große Indianer erzählt dem Buzzud ‚von mir ' Ich versuche , das Loch zu verfeinern , in dem der Rauch ausblüht . Dann hat er gesagt , dass es ihm und seinen alten Verwandten aus Oman gut geht, und der große Indianer hat ihn weggeschickt.

„Sie stiegen auf, die Buzzuds taten es und flogen in die Richtung, in der der Rauch flog. Sie sind hochgeflogen _ flog runter, und ja flog alle ' roun ' und ' roun ', aber dey Es gibt kein Loch , durch das der Rauch ausgeht . Dann kommen sie zurück und geben dem großen Indianer das Gefühl , einsamer zu sein als früher . Er lernt und lernt, und dann schickt er ihn wieder raus und duldet ihn, dass er hoch hinaus will Sie sind da und spionieren das Loch aus.

„Also, ja Riz und flog wieder hoch , und diese Zeit war vergangen flog rechts von oben nach unten , hoch und runter, rundherum und rundherum . Es wird so lange regnen , bis die Kruste noch da ist Sie machten nasse Pflaumenfrüchte , und sie waren saftig, und als sie wieder darauf schlugen , machten sie den Druck, wo Ich bin reingeflogen. Bimeby, der alte Mann , brummte , er wurde wütend und segelte um die zwölf , er hatte einen guten Start und pflügte lange bis zum Dach. Der alte Oman _ Buzzud , sie tat das Gleiche, und nebenbei tat sie das Loch, aus dem der Rauch ausging. Sie haben herausgeguckt, sie haben es getan, und sie haben geschaut , dass der Regen aufgehört hat, aber draußen war es monströs feucht.

„ Dann gingen sie zurück und der große Injun fühlte sich mächtig gut an, Kaze Sie haben das Loch gut gemacht. Nach so langer Zeit gab er das Wort, und alle marschierten aus dem Haus und kehrten wieder zurück was dey Benutzer live. Es hat sehr lange gedauert , bis sie den Ort erreicht hatten , und als sie auf ebener Höhe weggingen , trafen sie bei ihrer Rückkehr auf vollere Hügel und Berge , die wie große Unebenheiten und lange Grate aussahen. Dey Axt Dey Se'f , wie kommt es, dass sie studieren und studieren? Bimeby de Buzzud , er hat gesagt , dass er den Druck verlassen hat , als er sein alter Oman war Wuz a- flyin ' run ' tryin ' fer fine de hole, wo der Rauch ausging. Die Erde war sicher , und jedes Mal flogen die Geräusche , als würden sie Hügel und Berge entstehen lassen. „Das sagt mein Papa ", sagte Injun Bill entschieden. „Er war ein Indianermann, und er sollte es wissen , wenn es irgendjemand tut."

"Was habe ich dir gesagt?" rief Herr Wimberly, der bis zu diesem Zeitpunkt nichts gesagt hatte. „Mische Indianer mit Niggern und sie haben nichts Besseres, als Rigamarole, die sie nicht aufgeben würden."

Sie waren sich jedoch alle einig, dass die Geschichte von Injun Bill amüsant war, und nach einer Weile sagte Mink:

„Ich stelle mir Marse John vor Könnte zu dieser Geschichte passen , wenn er wuz wäre Ich gebe mir die größte Mühe.

Herr Pruitt drehte seine Tasche um, um Tabakkrümel für seine Pfeife zu holen.

„Kumpel", bemerkte er und wandte sich an Joe Maxwell, „hast du jemals gehört, wie der Fuchs Flöhe loswird?"

Joe hatte es noch nie gehört.

„Weil", sagte Mr. Pruitt, „es ist so weit weg. Wenn der Fuchs, speshually Wenn es einer dieser großen Roten hier ist, sind die Kerle voller Flöhe, die sie ausbluten lassen Bei heißem Wetter macht er sich auf den Weg und erzählt, dass er eine Schafherde gefunden hat. Dann rennt er zwischen ihnen hindurch und rennt neben ihnen her, man sagt, er hätte die Chance , einen Muffler oder Wolle herauszuholen . Dann macht er eine Pause am Bach, findet ein Waschloch und watet hinein.

„Er stürzt sich , wie könnte man sagen, nicht hinein. Er watet nur ein bisschen hinein, Stück für Stück. Zuerst geht er in die Knie, und dann geht er immer tiefer hinein. Aber er hat es nicht eilig. Wenn das Wasser auf die Flöhe trifft, fangen sie automatisch an, die Hochwassermarke zu erreichen. Der Fuchs spürt, wie sie hochkriechen, und dann geht er etwas tiefer hinein.

Wenn sie bis hoch auf seinen Rücken kriechen, geht er weiter hinein , und dann kriechen sie bis zu seinem Kopf. Er sticht etwas tiefer, und sie kriechen auf seiner Nase heraus. Dann geht er tiefer und sagt, dass das nicht der Fall ist Nichts außerhalb des Wassers außer dem Pint in seiner Nase.

diesen Wollklumpen in seinem Muff , und wenn die Flöhe nirgendwo anders hingehen können , machen sie sich darauf ein. Wenn die Flöhe dann alle in der Wolle sind , lässt der Fuchs sie ins Wasser fallen, kommt heraus, schüttelt sich und trottet davon, um eine andere Teufelei zu begehen."

„Das ist sicher eine Möglichkeit , rote Flöhe zu bekommen", rief Mink und lachte herzlich . Dann wandte er sich an Injun Bill.

für eine Geschichte habe ich von dir über den alten Hasen und den Mantel gehört ? Das ist keine Niggergeschichte.

„Nein!" sagte Injun Bill verächtlich. „Das ist keine Niggergeschichte. Mein Papa erzählt es Diese Geschichte, und er war kein Nigger. Ich wünschte, ich könnte es so erzählen, wie ich es in seiner Nähe erzählen würde."

"Wie ist es gelaufen?" fragte Herr Wimberly.

„Nun", sagte Indianer-Bill und verdrehte die Augen in Richtung der Dachsparren, „ es ist mir irgendwie in die Quere gekommen, ich erinnere mich noch : Die Zeit , als Mr. Beaver der Boss war, ist für alle Kreaturen bestimmt." Er war nicht der Größte oder Stärkste, aber er war mächtig schlau. Feine Lückentexte machten damals gute Leute, und das hatte Mr. Beaver. Jeder erkennt ihn an seinem schönen Mantel. Er sieht die ganze Woche über adrett aus, und er ist mächtig perlig – er lässt seine Manieren nie im Stich . Mr. Rabbit sieht das alles und es macht mich eifersüchtig . Er weiß nicht , wieso Mr. Beaver ein großer Mann sein kann , und er untersucht, wie er sich bei anderen Lebewesen beliebt machen kann .

„ Einmal Das haben sie sich alle ausgedacht dey wuz Wein Wir haben ein großes Treffen und wollen alles in Ordnung bringen . Die Nachricht lautete: „ Run ", und alle Kreaturen machen sich bereit , zu kommen. Herr Beaver , er lebt oben in den Bergen, und es war viel mehr als eine Tagesreise von seinem Haus entfernt, an dem Ort, an dem die Kreaturen wachsen Hier ist das große Treffen . Aber er wackelte bluten Sei ehrlich , er ist der Hauptmann. Ole Mr. Rabbit 'low ter zisch'f dat Der Sumpf musste fertig sein, und zwar ganz schnell, und so hat er Mr. Beaver nach Hause geschickt. Mr. Rabbit ist ein Schnellläufer, Mann , und er ist in kürzester Zeit da . Er sagt Sie alle haben solche Angst, dass Mr. Beaver es nicht ist Ich komme zu dem Treffen _ _ dey Dann sagte er mir , er helfe Mr. Beaver beim Packen seiner Tasche und ging zurück zu meiner Firma .

"Herr. Biber kann nicht lange aufhören, Mr. Rabbit , er ist so fett und stämmig, dass er keine Zeit verliert; Er soll Wein behalten Rauch von Sonnenaufgang bis Sonnenuntergang. Des ' fo ' dunklen sie kommen ter was dey Wuz ein Fluss, ein „Mr. Rabbit", er sollte lieber draußen am Ufer campen, und der Idiot fängt bald am Morgen an . So bauten sie ein Feuer auf , kochten das Abendessen und bout de Zeit wuz Ich bin bereit, ins Bett zu gehen , Mr. Rabbit:

„'Brer Beaver, ich hatte große Angst, dass wir weinen Ich habe diese Nacht Probleme!' Mr. Beaver sagt: „Wie kommt das, Brer Rabbit?"

"Herr. Rabbit 'low: 'Dieses Land, in dem wir uns befinden, heißt Rainin ' Hot Embers, und ich mag keinen solchen Namen. Aus diesem Grund möchte ich in der Nähe des Wassers anhalten .'

"Herr. Biberaxt: „Was zum Teufel tun wir denn , Brer Rabbit?"

"Herr. Der Kaninchensortierer kratzt sich am Kopf und sagt: „Oh, wir haben uns damit abgefunden , und das ist nichts für uns. " Als er studierte, sagte er leise: „Ich denke, du ziehst dir besser den schönen Mantel aus , Brer Beaver , und hängst ihn in den Baum , also , kaze." Wenn du wuss kommst , willst du das unbedingt speichern .

„Dann zieht Mr. Beaver seinen Mantel aus und hängt ihn in den Baum, und dann legen sie sich hin, um ein Nickerchen zu machen." Mr. Rabbit blieb wach, aber es dauerte nicht lange , bis Mr. Beaver mit dem Schnarchen fertig war . Er schnaufte so laut , dass Mr. Rabbit lachte zisch'f , ein' 'tief: 'Hey! Ole Brer Beaver pumpt Donner für trockene Hochzeit , aber wir weinen „Es wird etwas regnen, und es wird ein mächtig heißer Regen sein, Mann."

„Den Mr. Rabbit erhebt seinen Ellenbogen und sieht Mr. Beaver an. Er tut so , als ob er schläft, und er schnarcht weiter . Mr. Rabbit stand leicht auf, rutschte herum und bekam ein großes Stück, bellte, und dann rutschte er zurück , um zu feuern , und rannte, bellte und bellte die heiße Glut, die wie es wäre Schaufel. Er warf ihn in die Luft und brüllte:

„'Lauf zum Wasser, Brer Beaver! Lauf zum Wasser! Es regnet heiße Glut! Lauf, Brer Beaver! laufen!'

„Die heiße Glut fiel auf Mr. Beaver, und er raufte heftig. Als Mr. Rabbit brüllte, warf er einen Schauer und Glut auf mich , und Mr. Beaver feuerte einen lauten Sturm ab und stürzte Hals über Kopf ins Wasser. Mr. Rabbit schnappt sich den schönen Mantel und rennt die Bank hinunter , bis er vorbeikommt was dey Wuz ein Kanu, und er stieg hinein und fuhr quer, und er fuhr hinaus wo die Creeturs gwine sind ter Hol ' das große Treffen . Deshalb hat er es geschafft , er hat den Mantel angezogen, und er wird es nicht zu früh tun, nudder , kaze , irgendjemand, den er getan hat, wurde so ungeduldig , dass er noch länger auf Mr. Beaver warten musste Sie gingen ein wenig auf die Straße, um mich zu treffen .

„Der Mantel war viel zu groß für Mr. Rabbit, aber es war schon lange her , dass die Kreaturen wussten, Mr. Beaver, dass er für sie ganz in Ordnung aussah , und so Der galante Mr. Rabbit traf sich am selben Ort wie der große Mann und Mr. Beaver. Dey tuck ' m Verdammt und galant bin ich auf der Flatform, und ich bin in großem Jubel niedergeschlagen, und ich bin der Boss und das Treffen . Mr. Rabbit kann sprechen und sagen, dass er für alles da ist Favers , ein „Bat Time Mr. Fox"-Tief:

'"Hey! Mr. Beaver hat seine Stimme verloren !"'

Brer Rabbit preaches.

"Herr. Rabbit sagt , er darf nicht reden , und er redet weiter . Bimeby Mr. Wolf sagt: „Hey! Mr. Beaver ist krank, aber sein Lückentext passt nicht zu mir . Mr. Rabbit sagt, er blutet Er sorgt für Ordnung in der Versammlung und fährt mit seiner Rede fort. „ Es wird nicht lange dauern , bis Mr. Fox aufspringt und brüllt:"

'"Hey! Mr. Beaver ist fertig und hat mir ein paar neue Jahre geschenkt !

"Herr. Das Kaninchen reißt ein Auge hoch und sieht es Nachdem er seine langen Jahre hinter sich gebracht hat, kommt er aus dem Mantel, und dann weiß er es dat er besser Gwine sein . Er brach zusammen, das tat er, und prallte von der flachen Form ab und sprang in die Büsche, aber einige andere

Kreaturen machten ihm den Kopf und stürzten ihn , und dann steckten sie ihn fest und versuchten es „ Ich bin , und ich weiß nicht , was da los ist. Ich sage , er muss ein Zeichen an mir haben, damit er sich nichts vormachen kann . Dann steckte er den scharfen Feuerstein hinein und spaltete seine Oberlippe, und wie das Kaninchen dazu kam , dass die Lippe gespalten wurde.

„Huch!" sagte Mink. „Dieses Indianerkaninchen. Ein Nigger-Kaninchen würde die Kreaturen auf der Stelle zum Narren halten, und er wäre kein Kind, kein Trottel ."

„Jim", sagte Mr. Pruitt zu Mr. Wimberly, „würde es Sie zu sehr anstrengen, hereinzuwirbeln und uns eine Geschichte zu erzählen? Wir wollen diesem jungen Mann hier zeigen, dass es den Landleuten nicht gelingt ez no 'count ez, sie sehen so aus."

„Jesso!" rief Herr Wimberly mit viel Lebhaftigkeit aus. „Ich würde scherzhaft an eines denken , das mir in den Sinn gekommen ist . Es ist keine große Geschichte, aber als ich sie zum ersten Mal gehört habe, hat sie mich sehr gereizt, und ich habe sie nie vergessen ."

„Nun", sagte Mr. Pruitt, „raus damit . Es ist noch nicht so weit, Schlafenszeit zu sein, und wenn es so ist , haben wir keine Betten mehr, wo wir hingehen könnten – das heißt, wir haben keine nennenswerten Betten.

„Einmal", begann Mr. Wimberly und schmatzte mit den Lippen, „gab es einen Mann , der glaubte, er hätte etwas Gutes unter der Sonne getan . " ter Larn , und es machte ihm große Sorgen . Er nahm die Idee mit , wohin er ging . Die Leute nannten mich „ Ich bin Ole Man Besserwisser". Er stürmte in jedes Loch und jede Ecke arter Das wusste er zwar nicht, aber er konnte nicht herausfinden, was er wollte und wann er konnte . Es sah so aus, als hätte er jemals gewusst , was dort gewesen war. Niemand konnte es mir sagen Nichts , was er nicht wusste, und es machte mich sehr einsam. Er studierte und studierte, und schließlich sagte er ter hisse'f , sezee , das ef thar' will't Nichts mehr für mich ter Larn , er könnte sich einfach hinlegen und sterben. Er sagte ter Zisch , sezee , das könnte sein, dass Großmeister der Tod mich erfahren könnte Sumpf . Jesso!

„Nun, er ging eines Abends nach Hause und machte ein großes Feuer, reparierte seine Palette und legte sich hin. „Ich werde die Tür nicht abschließen", sezee ; „Ich lasse es einfach auf dem Riegel, damit Großherzog Tod hereinkommen kann, und vielleicht kann er mir sagen , was ich brauche ." Jesso!

„Der alte Besserwisser lag auf der Palette und wartete. Er döste ein wenig und wachte dann auf, und am nächsten Tag wälzte er sich herum und warf sich hin und her. Er will nicht Er war sozusagen locker , aber er war mächtig unruhig. To'rds Morgens hörte er, wie jemand an seine Tür klopfte – Bam-Bam! Bam Bam! Er will nicht skeered , aber er wurde richtig schwach. Sein Mund wurde trocken, und in seinem Magen entstand ein großes Gebrüll. Er hat es geschafft zischend , sezee , „ Shorely, das ist Großvater Tod an der Tür." Dann schüttelte er seinen Kopf und platzte am ganzen Körper. Es dauerte nicht lange, bis das Klopfen wieder kam :

„Bim- bim ! Bim-Bim ! Bimm !

„Der alte Besserwisser dachte, seine Zeit wäre gekommen, ganz sicher, und so schrie er:

"'Komm herein!'

„Die Tür ging auf, aber es war ein kleiner Niggerjunge , Großvater Tod . Ole Man Besserwisser sez, sezee :

„„Was willst du dieses Mal, äh Nacht?'

„Der kleine Niggerjunge sez, sezee , ,Mammy hat mir etwas Feuer geschickt .'

„Der alte Besserwisser hat es mir gesagt Komm rein und hol es dir. Der kleine Niggerjunge ging hinein und rannte zum Kamin.

„Das sind keine Brocken', sagt Ole Man Besserwisser. „Geh und hol eine Schaufel."

„Ich will keine Schaufel', sagt der kleine Nigger.

„„Wie du weinst „Hast du es genommen?" sez Alter Mann Besserwisser.

„„Einfach', sagt der kleine Nigger.

„Der alte Besserwisser hat mich umgedreht und ,beobachtet ' . Er ging zum Kamin , füllte die Palme mit einer Hand voller toter Asche, baute in der Mitte ein kleines Nest und hob dann auf diesem Weg eine Feuerkohle auf."

Passend zur Handlung nahm Mr. Wimberly eine glühende Feuerkohle, ließ sie in seine Handfläche fallen, wirbelte sie schnell herum und legte sie dann ordentlich in den Kopf seiner Pfeife, wo sie glühend lag.

„Da hat der kleine Nigger die Kohle aufgehoben", fuhr Mr. Wimberly fort, „und dann hat er sich auf den Weg gemacht. Ole Man Besserwisser brüllte mich an .

„„Warte mal!' sezee ; „Wie du weinst. " „ Wer ein Feuer aus einer einzigen Kohle entzündet?"

„„Einfach', sagt der kleine Nigger.

„ Der alte Besserwisser sprang auf und folgte ihm , und als der kleine Nigger zum Haus seiner Mutter kam, holte er sich zwei dicke Kiefernsplitter, hob die Kohle auf und scherzte mit ihnen Wenn sie eine Zange gewesen wären, wirbelte er sie ein- oder zweimal um seinen Kopf herum, und dann erlosch das Feuer.

„‚Nun‘, sagte Ole Man Besserwisser, ‚ich bin sehr froh, dass Grandsir Death mir letzte Nacht die Erlaubnis gegeben hat, denn ich habe es gelernt Ölwanne und neu. Und ich denke, wenn ich meine Augen offen halte, kann ich noch viel mehr lernen .' Jesso!“

„Ich habe Leute gesehen, die dachten, sie wüssten alles“, sagte Mr. Pruitt, „und es kommt höchstwahrscheinlich vor, dass all das, was sie wissen, das Futter nicht zu einem Insektennest machen würde.“

Es gab noch ein weiteres Gespräch, an dem sich Joe Maxwell beteiligte oder zumindest glaubte, es zu tun, und dann schienen die Hütte und alle ihre Insassen vor seinen Augen zu verschwinden. Wie in einem Traum hörte er Mr. Pruitt sagen, er wünsche dem Herrn, dass sein kleiner Junge genauso gesund und satt sei wie der Junge aus der Stadt, und Joe glaubte, den Deserteur seinen Gefährten von der Verzweiflung erzählen zu hören Zustand, in dem er seine Frau und zwei kleine Kinder vorfand, die in einem Haus fernab jeder Siedlung lebten. Der Junge, der an diesem Vortrag sehr interessiert war, öffnete die Augen, um Mr. Pruitt nach einigen Einzelheiten zu fragen, und siehe da! es war Morgen. Das Feuer war gelöscht und die Deserteure und Neger waren verschwunden. Im Osten glühte der Himmel im Versprechen der Sonne, die Vögel sangen in den alten Apfelbäumen und die Kühe muhten. In der Ferne konnte Joe die Pflüger singen hören, während sie zu ihren Aufgaben ritten, und als der Klang ihres Liedes verklungen war, glaubte er, ganz schwach, die Stimme von Harbert zu hören, der seine Schweine rief.

Mink hatte Joe gesagt, wo er war und wie er nach Hause kam, und er hatte keine Schwierigkeiten, sich zurechtzufinden.

KAPITEL XI
Das Hilfskomitee

Joe Maxwell war am Tag nach seinem Erlebnis in der Hütte mit den Deserteuren und Ausreißern sehr müde, aber er war nicht zu müde, um freudig eine Einladung anzunehmen, Hillsborough mit dem Herausgeber von *The Countryman* zu besuchen . Seit Monaten befand sich die Stadt praktisch im Belagerungszustand. Im Verlauf des Krieges wurde es zu einer Lazarettstation umgebaut. Die alte Abstinenzhalle und viele andere Gebäude der Stadt waren für die Unterbringung von Kranken und Verwundeten hergerichtet worden. In Hillsborough gab es auch viele Flüchtlinge aus Tennessee und Nordgeorgien. Während die Stadt überfüllt war, brachen die Pocken aus und die Landbevölkerung durfte einen Monat oder länger nicht dorthin gehen. Auf allen Straßen, die in die Stadt führten, wurden Wachen aufgestellt; aber das war nicht nötig, denn die Landbevölkerung hatte kein Interesse daran, den Ort zu besuchen, als sie von den Pocken erfuhren. Hillsborough wurde unter Kriegsrecht gestellt und ein Propstmarschall mit der Führung der Angelegenheiten beauftragt. Dies war nicht nur notwendig, um die Pocken zu bekämpfen, sondern auch, um die genesenden Soldaten unter Kontrolle zu bringen, unter denen sich einige sehr grobe Charaktere befanden.

Joe war so lange weggeblieben, dass ihm die Stadt neu vorkam. Der Spielplatz vor dem alten Schulhaus war voller schäbiger Krankenhaushütten; die Vorräte, mit denen er vertraut war, waren neuen und seltsamen Zwecken zugeführt worden; und überall waren seltsame Gesichter. Soldatentrupps marschierten zügig hierhin und dorthin; An jeder Ecke sonnten sich Männer mit Krücken an den Seiten, mit Bandagen auf dem Kopf oder mit den Armen in Schlingen. Alles war seltsam. Sogar die alten Porzellanbäume , unter denen Joe hunderte Male gespielt hatte, sahen ungewohnt aus. Benommen und verwirrt setzte sich der Junge auf eine der langen Bänke, die an der Wand vor einigen Geschäften aufgestellt waren. Die Bank war nach hinten gegen die Wand geneigt und an einem Ende saßen zwei Männer, die sich ernsthaft unterhielten. Joe schenkte ihnen zunächst wenig Aufmerksamkeit, aber ein oder zwei Worte, die er hörte, veranlassten ihn, sie genauer zu beobachten. Einer von ihnen war Herr Deometari , der griechische Exilant und Anwalt; der andere war ein Mann, den Joe nicht kannte. Er bemerkte, dass Herr Deometari zwar eine ausgeblichene und schäbige Uniform trug, seine Wäsche jedoch makellos war. Seine Manschetten und sein Hemdbusen glänzten in der Sonne, und der schwere Ring an seinem dicken Finger funkelte wie ein Stern. „Er hat mich vergessen", dachte Joe und saß da, entschlossen, sich nicht zu erkennen zu geben, obwohl er und Mr. Deometari gute Freunde gewesen waren, bevor der Junge Hillsborough verließ.

„Es gibt noch etwas anderes, worüber ich mir Sorgen mache", hörte Joe, wie Herr Deometari zu seinem Begleiter sagte. „Pruitt ist nach Hause gekommen."

"Was ist mit ihm los?" fragte der andere.

"Verlassen!" rief Herr Deometari aus .

„Nun", sagte der andere, „das ist ein großes Risiko für einen erwachsenen Mann." Wenn er erwischt wird, muss er die Strafe zahlen."

"NEIN!" rief Herr Deometari aus und schlug seine Faust auf sein breites Knie. „Er wird erwischt, aber er wird die Strafe nicht zahlen."

„Warum, was meinst du, Deo?" fragte sein Begleiter.

„Kennst du ihn nicht?" rief Herr Deometari aus . „Er gehört zum Hilfskomitee!"

"Puh!" pfiff der andere, hob beide Hände in die Luft und ließ sie wieder fallen.

„Kennst du ihn nicht?" Deometari fuhr mit zunehmender Ernsthaftigkeit fort. „Er ist der Mann, der den Otter erschossen hat."

Wieder pfiff Herr Deometaris Begleiter lange und erstaunt. „Jack Pruitt?" er hat gefragt.

„Derselbe Mann", sagte Deometari . „Und wissen Sie, wer dieser Provostmarschall hier ist – dieser Captain Johnson?"

Captain Johnson.

„Oh ja", sagte der andere; „Er ist der Kerl, der den letzten Mehlstaub gestohlen hat, den wir gespart hatten, um Suppe für den armen Tom Henderson zu kochen."

„Und was ist dann passiert?" fragte Herr Deometari , als ob er versuchte, sein eigenes Gedächtnis aufzufrischen, statt das seines Begleiters. „Hat Jack Pruitt ihn nicht ausgepeitscht?"

„Warum, segne mein Leben!" rief der andere. „Woran denke ich? Natürlich hat er das getan!" Als Mr. Deometaris Begleiter dies sagte , erhob er sich und erblickte dabei Joe Maxwell. Sofort legte er Herrn Deometari die Hand auf die Schulter und bemerkte:

„Es ist schönes Wetter für Vögel und Jungen."

Joe war überhaupt nicht beunruhigt. Er lauschte nicht, obwohl ihn das Gehörte sehr interessierte. Der Weg, einen Jungen wirklich zu interessieren, besteht darin, ihn zu verwirren, und Joe war verwirrt.

„Ich habe Mr. Pruitt letzte Nacht gesehen", bemerkte er und sagte dann, als sich sein alter Freund umdrehte:

„Wie geht es Ihnen, Herr Deo? Du hast mich doch nicht vergessen, oder?"

Joe trat vor und reichte ihm die Hand. Als Herr Deometari es entgegennahm, verschwand das Stirnrunzeln aus seinem Gesicht.

„Warum, mein lieber Junge!" rief er aus, zog den Jungen zu sich und umarmte ihn fest: „Ich freue mich, dich zu sehen! Ich könnte an meinen zehn Fingern die Leute abzählen, die mich noch Deo nennen. Und wenn ich mitzählte, mein Junge, könntest du sicher sein, dass ich deinen Namen rufen würde, lange bevor ich an meinen kleinen Finger komme. Ich bin stolz auf dich, mein Junge! Mir wird gesagt, dass Sie die kleinen Absätze in der Zeitung schreiben, die „The Countryman's Devil" zugeschrieben wird? Nicht alle von ihnen! Ah, gut! Es ist Ehre genug, wenn Sie nur einige davon schreiben. Vergiss dich in der Tat!"

Mr. Deometaris Begrüßung war nicht nur herzlich, sondern auch liebevoll, und die Aufrichtigkeit, die in seinem Gesicht leuchtete und in seinen Worten widerhallte, trieb Joe Maxwell Tränen in die Augen.

„Blandford", sagte Herr Deometari , „Sie sollten diesen Jungen kennen. Erinnern Sie sich nicht an Joe Maxwell?"

"Warum ja!" sagte Mr. Blandford, zeigte seine weißen Zähne und richtete seine großen schwarzen Augen auf Joe. „Er kämpfte immer aus Angst vor mir, aber ich erinnere mich sehr gut an ihn. Er stand immer hinter meinem Stuhl und gab mir Glück, wenn ich Dame spielte."

Mr. Blandford hatte sich stark verändert, seit Joe ihn das letzte Mal gesehen hatte. Sein schwarzes Haar, das einst in glänzenden Locken über seine Schultern fiel, war jetzt grau und die Locken waren abgeschnitten. Die einst geraden und kräftigen Schultern waren leicht gebeugt. Von dem fröhlichen und galanten jungen Mann, den Joe Maxwell als Archie Blandford kannte, blieb nichts unverändert außer seinen leuchtenden Augen und seinen weißen Zähnen. Mr. Blandford hatte tatsächlich einen harten Dienst erlebt. Er war in einer der Schlachten verzweifelt angeschossen worden und hatte monatelang in einem Krankenhaus in Richmond gelegen. Er begann jetzt, wie er sagte, gerade wieder, seinen Hafer zu spüren.

"Kommen!" sagte Herr Deometari , „wir müssen in mein Zimmer gehen.“ „Es ist dasselbe alte Zimmer in derselben alten Taverne“, bemerkte er.

Als die beiden Männer und Joe Maxwell den Raum erreichten, der zu den Reihen gehörte, die sich auf der langen Veranda der alten Taverne öffneten, schloss Mr. Deometari sorgfältig die Tür, obwohl das Wetter recht angenehm war – es war Frühherbst 1864.

„Nun denn“, sagte er, rückte seinen Stuhl vor Joe und legte seine Hände auf seine Knie, „ich habe gehört, wie du dort drüben einen Namen erwähnt hast, als du zum ersten Mal mit mir gesprochen hast. Was war es?"

„Pruitt“, sagte Joe.

„Genau so“, sagte Herr Deometari und lächelte zufrieden. „John Pruitt. Was haben Sie nun über John Pruitt gesagt?“

„Verstorben im besagten Landkreis“, bemerkte Mr. Blandford trocken und zitierte aus dem Formular einer juristischen Anzeige.

„Ich sagte, ich hätte ihn letzte Nacht gesehen“, sagte Joe und erklärte dann die Umstände.

"Sehr gut! Und was haben Sie mich jetzt über Pruitt sagen hören?“

„Sie sagten, er würde gefasst und nicht bestraft, weil er dem Hilfskomitee angehörte.“

"Höre das!" rief Herr Deometari aus . „Wenn irgendjemand außer diesen freundlichen Ohren das alles gehört hätte, wären wir auf Johnsons schwarze Liste gesetzt worden, und vielleicht wären wir von der schwarzen Liste in das Wachhaus versetzt worden. Nun denn“, fuhr Herr Deometari fort, „wissen Sie natürlich nichts über das Hilfskomitee, und Sie fragen sich vielleicht, was John Pruitt, der Deserteur, mit dem Hilfskomitee zu tun hat.“ Ausschuss, ich werde es Ihnen sagen. Aber, mein lieber Junge, das musst du im Hinterkopf behalten: Es ist keine Angelegenheit, über die irgendwo außerhalb dieses Raums gescherzt oder gesprochen wird. Vergessen Sie es nicht. Es ist kein großes Geheimnis; Es ist einfach ein Geschäft, das nur wenige Leute betrifft. Erinnern Sie sich daran, etwas über den Rückzug aus Laurel Hill gelesen oder gehört zu haben?" fragte Herr Deometari , schob seinen Stuhl zurück und wickelte den Stiel seiner türkischen Pfeife ab. „Das war zu Beginn des Krieges, und es wird nie eine große Rolle in der Geschichte spielen, aber einige von denen, die auf dem Rückzug waren, werden es nie vergessen. In der Verwirrung um die Flucht wurde ein kleiner Trupp von uns, der größtenteils dem Ersten Georgia-Regiment angehörte, von der Haupttruppe abgeschnitten. Als wir anhielten, um uns zu orientieren, waren wir nicht mehr als ein Dutzend."

„Alles in allem siebzehn", bemerkte Herr Blandford.

„Ja", sagte Herr Deometari , „siebzehn. Wir waren schlimmer als verloren. Wir waren in den Bergen in einem fremden Land. Hinter uns war der Feind und vor uns erstreckte sich ein Lorbeerwald, so weit das Auge reichte. Rechts wie links herrschte die gleiche Unsicherheit. Vom Rest des Kommandos konnten wir nichts hören. Eine Waffe abzufeuern bedeutete eine Einladung zur Gefangennahme, und uns blieb nichts anderes übrig, als durch das struppige Gewächs voranzudringen."

„Der Kommissar war im Urlaub abwesend", bemerkte Herr Blandford.

„Ja", sagte Herr Deometari lachend. „Der Kommissar fehlte und die Rationen waren dürftig. Einige der Männer hatten überhaupt keine. Einige hatten ein wenig hartes Essen, andere nur eine Handvoll Mahlzeit. Obwohl das Wetter bitterkalt war, machten wir in der ersten Nacht kein Feuer, aus Angst, die Aufmerksamkeit des Feindes zu erregen. Am nächsten Tag und am nächsten kämpften wir weiter. Wir sparten unsere Rationen, so gut wir konnten, aber sie gingen nach einer Weile zur Neige, und es blieb nichts übrig als eine kleine Mahlzeit, die John Pruitt für Tom Henderson aufsparte, der krank und geschwächt am Fieber war. Jeden Tag, wenn wir eine Pause einlegten, um durchzuatmen, bereitete Pruitt Henderson eine kleine Tasse Brei zu, während der Rest von uns Mais oder Wurzeln aß oder die innere Rinde der Bäume kaute . '

„Und niemand hat Tom seinen Brei gegönnt", sagte Mr. Blandford, „obwohl ich schwöre, dass mich der Anblick davon in Aufregung versetzt hat."

"Oh ja!" rief Herr Deometari aus . „Jemand hat Tom den Brei gegönnt. Eines Nachts dachte dieser Kapitän Johnson, der jetzt hier herrscht, dass Pruitt und der Rest von uns schliefen, und versuchte, die kleine Mahlzeit zu stehlen, die noch übrig war. Nun, Pruitt war sehr hellwach, und er fing Johnson auf und verpasste ihm eine gewaltige Tracht Prügel; aber der Bösewicht war bereits in den Rucksack geraten, und bei dem Kampf wurde das Essen verschüttet."

Herr Deometari schlang den Stiel seiner Pfeife um seinen Hals und blies eine große Rauchwolke zur Decke.

„Aber was ist mit dem Hilfskomitee, Herr Deo?" fragte Joe.

„Ja, natürlich! Ich bin ein guter Geschichtenerzähler!" rief Herr Deometari aus . „Ich hatte das Hilfskomitee völlig vergessen. Nun, wir gingen weiter und wurden von Tag zu Tag schwächer, bis wir schließlich zu einer Schlucht kamen."

Deometaris Bett ausstreckte , „und zwar eine tiefe."

„Ja, eine Schlucht", sagte Herr Deometari . „Als wir diese Schlucht erreichten , waren wir in einem Zustand des Verhungerns. Außer Krähen und Bussarden war kein Vogel zu sehen. Die Krähen hätten zweifellos gut gefressen, aber sie waren sehr scheu. Wir hatten in der Hoffnung gelebt, ein Schwein, ein Schaf oder eine Kuh zu finden, aber wir sahen kein Anzeichen eines vierfüßigen Tieres. Ich weiß nicht, wie es war, aber diese Schlucht schien sich über unseren Weg zu erstrecken wie der Golf der Verzweiflung. Einige der Männer ließen sich zu Boden fallen und erklärten, dass sie nicht weitergehen würden.

Some of the men dropped on the ground and declared that they would go no farther.

„Sie sagten, sie hätten keine Lust zu leben; Sie waren so schwach und so dumm wie Kinder. Von den siebzehn Männern in der Truppe gab es nur fünf, die Hoffnung, Mumm oder Mut hatten – Blandford dort, Pruitt, Henderson, dieser Captain Johnson und ich."

„Sie sollten sich selbst an die erste Stelle setzen", sagte Herr Blandford. „Du warst die ganze Zeit so fett wie ein Schwein und so voller Leben wie eine Heuschrecke im Juli."

„Diese Schlucht oder Schlucht", fuhr Herr Deometari fort , ohne auf die Unterbrechung zu achten, „war unsere Rettung." Mr. Blandford und Pruitt erkundeten es ein wenig und fanden am Grund einen kleinen Wasserstrahl. Es war das, was man eine Filiale nennt. Als sie zurückkamen, herrschte unter den Männern erhebliche Meinungsverschiedenheiten. Die armen Geschöpfe, schwach und gereizt vom Hunger, hatten alle Hoffnung verloren und hörten auf kein Argument, das nicht ihren Launen entsprach. Es galt, diese Frage zu klären: Sollten wir die Schlucht überqueren und auf dem eingeschlagenen Weg weitermachen, oder sollten wir der Schlucht folgen? Es war eine sehr ernste Frage. Wir hatten nicht die geringste Ahnung, wo wir waren. Wir waren acht Tage lang in den Bergen umhergewandert, und wenn wir überhaupt rauskommen wollten, mussten wir uns beeilen.

„Dann kam noch eine Frage. Wenn wir der Schlucht folgen wollten, in welche Richtung sollten wir gehen? Sollen wir dem fließenden Wasser folgen oder sollten wir in die andere Richtung gehen? Blandford und Pruitt hatten bereits beschlossen, dem fließenden Wasser zu folgen, und natürlich ging ich mit ihnen."

„Das liegt daran, dass es bergab ging ", bemerkte Herr Blandford lachend. „Deo hat immer gesagt, seine Beine seien nie dafür gemacht, bergauf zu gehen ."

„Wir hatten eine tolle Diskussion. Mein lieber Junge, wenn du sehen willst, wie verdrießlich, bösartig und idiotisch ein erwachsener Mann sein kann, lasse ihn einfach acht oder neun Tage lang verhungern. Manche wollten in die eine Richtung gehen, andere in eine andere, während andere bleiben wollten, wo sie waren. Tatsächlich mussten Blandford und ich Hickorybäume fällen und so tun, als würden wir die Männer auspeitschen, die dort bleiben und sterben wollten, und als wir sie auf die Beine brachten, mussten wir sie wie eine Herde Schafe vorantreiben, während Pruitt die Führung übernahm der Weg.

„Pruitts Idee war, dass das fließende Wasser irgendwohin führte. Das scheint jetzt vielleicht eine sehr einfache Sache zu sein, aber in unserem schwachen und verwirrten Zustand war es ein großes Glück, dass er die Idee hatte und daran festhielt. Wir fanden später heraus, dass wir uns in einer Wildnis von mehr als hundert Meilen Ausdehnung begraben hätten, wenn wir den eingeschlagenen Weg fortgesetzt oder der Schlucht in die andere Richtung gefolgt wären.

„Am nächsten Tag wurden ein paar Falken und zwei Eichelhäher erschossen, und obwohl sie nur kleine Rationen für siebzehn Männer machten, waren sie doch erfrischend, und ihr bloßer Anblick gab uns ein besseres Gefühl. Die Wände der Schlucht wuchsen auseinander und der Ast wurde immer größer, je weiter wir ihm folgten. Am dritten Tag, nachdem wir unseren Kurs geändert hatten, hielt Pruitt, der vorne lag, plötzlich inne und hob die Hand. Einige der Männer waren so schwach, dass sie beim Anhalten hin und her schwankten. Ihr Anblick war erbärmlich. Wir sahen bald, was Pruitts Aufmerksamkeit erregt hatte. Auf den Felsen, über einem Wasserbecken, lag ein Otter und sonnte sich. Er war so fett wie Butter. Wir standen einen Moment sprachlos da und sanken dann zu Boden. Es bestand keine Angst, dass der Otter unsere Stimmen hören könnte, denn der Ast, der inzwischen zu einem Bach gewachsen war, fiel geräuschvoll in den Teich. Wenn er uns gehört hätte – wenn er von den Felsen gerutscht wäre und verschwunden wäre –“ Herr Deometari hielt inne und schaute in seine Pfeife.

„Großartiger Himmel, Deo!“ rief Mr. Blandford und sprang vom Bett auf. „Das werde ich mein Leben lang nie vergessen! Ich hatte noch nie zuvor solche Gefühle und habe auch seitdem nie wieder solche Gefühle gehabt.“

„Ja“, fuhr Herr Deometari fort , „es war ein schrecklicher Moment.“ Jeder Mann wusste, dass wir den Otter haben mussten, aber wie konnten wir ihn bekommen? Er muss erschossen werden, aber wer könnte ihn erschießen? Wer hätte die Nerven, den Ball an die richtige Stelle zu bringen? Der Mann, der die Waffe hielt, würde wissen, wie viel von ihm abhing; Er wäre zu aufgeregt, um direkt zu schießen. Ich sah die Männer an und die meisten von ihnen zitterten. Diejenigen, die nicht zitterten, waren vor Aufregung weiß wie ein Laken. Ich sah Pruitt an, und er stand auf, beobachtete den Otter und pfiff leise vor sich hin. Also sagte ich so leise ich konnte zu ihm:

„‚Nimm deine Waffe, Mann, und gib sie ihm. Du kannst es nicht verfehlen. Er ist so groß wie ein Scheunentor.‘

„Pruitt ließ sich auf ein Knie nieder, setzte eine neue Kappe auf seine Waffe, schüttelte die Hand aus dem Ärmel, richtete seine Waffe und sagte: ‚Betet dafür, Jungs!‘

„Dann hat er geschossen. Er war so schwach, dass die Waffe ihn umwarf. Als ich den Otter ansah, schien es, als hätte sich das Tier nie bewegt, aber plötzlich sah ich, wie ein Bein zitterte, und dann stürmten wir vorwärts, so schnell wir konnten, die glücklichste Gruppe von Menschen, die Sie jemals auf dieser Erde gesehen haben. Der Otter wurde durch den Kopf geschossen. Die Männer waren so ausgehungert, dass sie sich wie Wahnsinnige benahmen. Blandford, Pruitt und ich konnten nur verhindern, dass sie mit ihren Messern über den Otter herfielen und ihn roh fraßen, mitsamt der Haut.

„Aber es hat uns gerettet", fuhr Herr Deometari fort, „und wir hatten etwas übrig." Am nächsten Tag trafen wir uns mit einem Bauern, der seine streunenden Schafe jagte, und bald kehrten wir zur Armee zurück. Bevor wir uns trennten, bildeten vier von uns das Hilfskomitee. Blandford, Pruitt, Tom Henderson und ich – die Männer, die nie die Hoffnung verloren hatten – versprachen einander und schüttelten einander die Hand, dass die anderen ihm ohne Fragen helfen würden, wenn einer in Schwierigkeiten geraten würde.

„Jetzt ist es nicht nötig, irgendwelche Fragen zu Pruitt zu stellen. Er ist desertiert, weil seine Familie am Verhungern war."

„Ja", sagte Mr. Blandford und ließ seine schweren Kiefer schnappend zusammenschnappen, „und ich glaube in meiner Seele, dass Johnson Essen und Kleidung von ihnen ferngehalten hat!"

„Das weiß ich", sagte Herr Deometari ruhig. „Tom Henderson ist einer von Johnsons Angestellten und er behält den Überblick. Er soll uns heute Abend treffen, und dann werden Sie einen Mann sehen, der seit drei Monaten völlig verrückt ist . – Nun, mein Junge", fuhr Herr Deometari fort , „vergiss das alles." Du bist zu jung, um dich mit solchen Dingen zu befassen. Wir schauen nur zu, wie Kapitän Johnson vorschlägt, die Schulden zu begleichen, die er Pruitt schuldet. Sollten Sie zufällig John sehen, sagen Sie ihm einfach, dass das Hilfskomitee für ein paar Wochen die Leitung von Hillsborough übernommen hat. Eine andere Sache", sagte Herr Deometari und legte dem Jungen freundlich die Hand auf die Schulter, „wenn Sie für einen Tag oder eine Nacht geschickt werden sollten, lassen Sie einfach alles stehen und liegen und kommen Sie mit dem Boten." Ein kluger Kerl wie du ist nie zu klein, um Gutes zu tun."

Die beiden Männer schüttelten Joe die Hand, und Mr. Blandford nahm ernst seinen Hut ab, als er sich von dem Jungen verabschiedete.

KAPITEL XII
EINE FUCHSJAGD IN GEORGIA

Für ein paar Tage vergaß Joe Maxwell Mr. Deometari , Mr. Blandford und
Mr. Pruitt. Es gab eine hochrangige Gesellschaft, die den Herausgeber von
The Countryman besuchte – eine junge Dame aus Virginia, Miss Nellie
Carter, und ihre Mutter sowie einige junge Offiziere, die zu Hause auf Urlaub
waren. Einer dieser jungen Offiziere, ein Verwandter des Herausgebers,
brachte sein Rudel Fuchshunde mit, und es wurden Vorkehrungen für eine
große Fuchsjagd getroffen. Die Plantage schien sich zu erregen, um den
Besuchern zu gefallen. Die Neger im Haus zogen ihre Sonntagskleidung an
und gingen eilig ihren Pflichten nach, als wollten sie sich von ihrer besten
Seite zeigen.

Joe war sehr froh, als der Redakteur ihm sagte, dass er mit den Fuchsjägern
gehen und als Zeremonienmeister fungieren sollte. Die Fuchsjagd war eine
Sportart, die er sehr liebte, denn sie schien alle Elemente der Gesundheit und
der Freude am Leben in der Natur zu vereinen. Kurz nachdem Joe zur
Plantage gegangen war, hatte der Herausgeber von *The Countryman* einen
Jagdhundwelpen aus Hillsborough mitgebracht, den ihm ein Mr. Birdsong
geschickt hatte. Dieser Mr. Birdsong war ein berühmter Fuchszüchter und
hatte einst das einzige Rudel südlich von Virginia, das einen Rotfuchs fangen
konnte. Er war ein großer Bewunderer des Herausgebers von *The Countryman*
und schickte ihm den Hund als Geschenk. In seinem Brief schrieb Herr
Birdsong, dass der Welpe unter einer Kürbisranke aufgewachsen sei und der
Herausgeber ihn deshalb Jonah nannte. Joe Maxwell fand den Namen sehr
gut, aber es stellte sich heraus, dass der Hund viel besser war als sein Name.
Der Herausgeber gab den Hund Joe, der sich große Mühe gab, ihn zu
erziehen. Bevor Jonah sechs Monate alt war, hatte er gelernt, ein Fuchsfell
zu ziehen, und als er ein Jahr alt war, verging kaum ein Morgen, an dem Joe
nicht das Fell hinter sich herzog, aus Freude daran, Jonah dabei zuzusehen,
wie er es hinter sich herzog. Er entwickelte große Schnelligkeit und
Geruchssinn und war erst zwei Jahre alt, als er allein und ohne Hilfe einen
Rotfuchs erbeutete. Natürlich war Joe sehr stolz auf Jonah und freute sich
über die Gelegenheit, die Jagdqualitäten des Hundes unter Beweis zu stellen.

Beim Training von Jonah hatte Joe unabsichtlich auch einen alten Fuchs
trainiert, der sich auf der Plantage niedergelassen hatte. Der Fuchs wurde
jedem Jäger im Landkreis ein Begriff. Er war alt und zäh und schlau. Er war
so oft verfolgt worden, dass er sofort aufsprang, wenn er in den frühen
Morgenstunden ein Hundegebell oder einen Hupenschlag hörte. Die Neger
nannten ihn „Old Sandy", und unter diesem Namen wurde er bekannt.
Jonah, als er noch ein Welpe war, war dem alten Sandy schon oft gefolgt, und
Joe kannte alle seine Tricks und Wendungen. Er beschloss, dass es gut wäre,

dem Rudel des jungen Offiziers etwas Bewegung mit diesem schlauen alten Fuchs zu geben.

Alle Vorbereitungen für die Jagd wurden vom Herausgeber getroffen. Joe Maxwell sollte Miss Nellie Carter eskortieren, die, obwohl sie aus Virginia stammte und eine gute Reiterin war, noch nie einem Fuchs durch das Land nachgeritten war. Der Junge sollte dafür sorgen, dass Miss Carter mindestens genauso viel von der Jagd sehen konnte wie die jungen Männer, die den Hunden folgen sollten, während Harbert mitkommen sollte, um die Zäune niederzureißen und wieder aufzubauen. Für Joe war dies ein neues und komisches Merkmal der Fuchsjagd, aber der Herausgeber sagte, dass dies für Miss Carter sicherer sei.

Als der Morgen der Jagd kam, war Joe, wie er es beabsichtigt hatte, vor allen Gästen bereit. Er wollte sich um alles kümmern, sehr zu Harberts Belustigung. Wie alle Jungen war er aufgeregt und enthusiastisch und konnte es kaum erwarten, dass die Jagd erfolgreich verlaufen würde. Als schließlich alle eine Tasse Kaffee getrunken hatten, bestiegen sie ihre Pferde und waren bereit zum Aufbruch.

„Nun denn“, sagte Joe, der sich ein wenig unbehaglich und verlegen fühlte, da er wusste, dass Miss Nellie Carter zusah und zuhörte, „darf kein Horn geblasen werden, bis die Jagd vorbei ist.“ Natürlich kannst du blasen, wenn du willst“, fuhr Joe fort und glaubte, einen der jungen Männer lachen gehört zu haben, „aber wir werden keine große Jagd haben. Wir sind heute Morgen hinter dem alten Sandy her, und er hört überhaupt nicht gern eine Hupe. Wenn wir die Hunde vom Bellen abhalten können, bis wir auf dem Feld sind, umso besser.“

„Sie müssen aufpassen“, sagte Miss Carter, als einige der jungen Männer anfingen, sarkastische Vorschläge zu machen. „Ich möchte eine echte Fuchsjagd sehen, und ich bin sicher, dass es besser ist, Herrn Maxwells Rat zu befolgen.“

Joe errötete, als er seinen Namen so süß aussprach, aber in der trüben Morgendämmerung war seine Verlegenheit nicht zu sehen.

„Sind Ihre Hunde alle hier, Sir?“ fragte er den jungen Mann, der seine Hunde mitgebracht hatte. „Ich habe sieben gezählt, und meiner ergibt acht.“

„Ist deiner ein Hasenhund?“ fragte der junge Mann.

„Oh, er ist sehr gut für Kaninchen“, antwortete Joe, genervt von der Frage.

„Wären wir dann nicht besser, ihn zu verlassen?“ Der junge Mann fragte nicht unfreundlich: „Er könnte uns eine Menge Ärger bereiten.“

„Dafür werde ich einstehen“, sagte Joe. „Wenn alle bereit sind, gehen wir.“

„Sie sollen meine Begleitung sein, Mr. Maxwell", sagte Miss Carter und nahm ihren Platz an Joes Seite ein, „und ich weiß, dass für mich gut gesorgt sein wird."

Die Kavallerie zog los und folgte eine Meile lang der öffentlichen Straße. Dann bog er in eine Gasse und dann in eine Plantagenstraße ein, die zu dem sogenannten „Turner Old Field" führte, wo Old Sandy drei oder vier Jahre lang, vielleicht sogar länger, sein Hauptquartier eingerichtet hatte. Als die Jäger das Feld erreichten, das eine Meile lang war und aus Weideland bestand, das mit Ginster-Seggen, wilden Pflaumenbäumen und Brombeerranken bewachsen war, war die Morgendämmerung vor der Sonne verschwunden. Im Osten vermischten sich rote und gelbe Wolken, und ein rosiger Schein fiel über die Hügel und Wälder. Als sie anhielten, damit Harbert den Zaun niederreißen konnte, warf Joe einen verstohlenen Blick auf seine Begleiterin, und als sie mit geöffneten Lippen und dem schwachen Widerschein des rosigen Himmels auf ihren Wangen dasaß, kam es ihm vor, als hätte er noch nie ein schöneres Bild gesehen. Jona schien derselben Meinung zu sein, denn er stand neben dem Pferd der jungen Dame, blickte ihr ins Gesicht und pfiff wehmütig durch die Nase.

„Das ist dein Hund, ich weiß!" sagte Miss Carter. „Warum, er ist eine perfekte Schönheit! Armer Kerl!" rief sie, streckte ihren Arm aus und bewegte ihre Finger. Jonah sammelte sich, sprang leicht in die Luft und berührte ihre schöne Hand mit seiner samtenen Zunge. Joe errötete vor Freude. „Er sprang so hoch wie der Kopf eines Mannes!" Sie weinte. „Ich weiß, dass er den Fuchs fangen wird."

„Ich denke, wir haben Old Sandy überholt", sagte Joe, „und wenn ja, werden Sie ein schönes Rennen sehen." Ich hoffe, dass die anderen Hunde mithalten können."

„Ah", sagte ihr Besitzer, „das sind Maryland-Hunde."

„Mein Hund", sagte Joe stolz, „ist ein Vogelgesang."

Zu diesem Zeitpunkt hatten die Jäger den Zaun überquert, und die Hunde, mit Ausnahme von Jona, begannen, in den Besen- und Dornensträuchern herumzustöbern.

„Ich hoffe, Jonah ist nicht faul", sagte Miss Carter und beobachtete den Hund, der in ruhiger Würde neben ihrem Pferd herging.

„Oh nein", sagte Joe, „er ist nicht faul; aber er hat es nie eilig, bis es soweit ist."

Die jungen Männer versuchten, Joe wegen Jonah zu ärgern, aber der Junge lächelte nur, und Jonah entfernte sich allmählich von den Pferden. Es fiel auf, dass er nicht so genau jagte wie die anderen Hunde und auch nicht so sorgfältig den Boden abtastete . Er fegte in immer größeren Kreisen über das Feld und galoppierte leicht, das war die Vollkommenheit von Anmut, Energie und Stärke. Plötzlich rief Harbert:

„ Schau da drüben, Marse Joe! Schauen Sie sich Jonah dort an!"

Alle Augen waren in die Richtung gerichtet, in die Harbert zeigte. Der Hund jagte dort, wo das braune Riedgras höher war als sein Kopf, und er hatte offensichtlich etwas entdeckt, denn er sprang in die Luft, schaute sich um und ließ sich wieder in das Riedgras fallen, nur um die gleiche Aktion mit zunehmender Energie durchzuführen.

„Warum jault er nicht ein oder zwei Mal und ruft die anderen Hunde, damit sie ihm helfen?" rief einer der jungen Männer.

„Er ist kein Schwätzer", sagte Joe, „und er braucht keine Hilfe. Der Fuchs ist entweder gerade erst aufgestanden oder er ist keine zwanzig Meter entfernt. Warte einfach!"

Im nächsten Moment sprach Jonah mit begeisternder Energie, wiederholte die Herausforderung zweimal und flog davon, wobei er wie ein Vogel über den Zaun flog. Die Wirkung auf die anderen Hunde war magisch; Sie stürzten sich auf den Schrei, holten den glühenden Zug auf, kletterten so gut sie konnten über den Zaun und gingen weg, gefolgt von einem Jubelruf von Harbert, der den Tau von den Blättern schüttelte. Auch die jungen Männer machten sich auf den Weg, und Joe hatte alles, was er konnte, um sein Pferd zu halten, das die Angewohnheit hatte, mit den Hunden zu rennen. Das Geräusch der Jagd wurde schwächer, als die Hunde über ein Stück Wiesenland und durch einen Waldrand in das offene Land dahinter rannten; und Joe und Miss Carter gingen in Begleitung von Harbert gemächlich zur Kuppe eines Hügels in der Nähe .

„Wenn das der alte Sandy ist", sagte Joe, „wird er dort auf das Bermuda-Feld stoßen, nach links abbiegen und nicht weit von dieser toten Kiefer an uns vorbeikommen ." Joe war sehr stolz auf sein Wissen.

„Na ja, wir werden das Beste von der Jagd sehen!" rief Miss Carter begeistert.

Sie saßen auf ihren Pferden und hörten zu. Manchmal schienen die Hunde näher zu kommen, und dann wichen sie aus. Schließlich verschwanden ihre musikalischen Stimmen in der Ferne. Joe hielt seinen Blick auf das Bermuda-Feld gerichtet, und Harbert auch, während Miss Carter sanft mit ihrer Reitpeitsche auf die Mähne ihres Pferdes klopfte und die Szene zu genießen schien. Sie warteten lange und Joe wurde langsam entmutigt, als Harbert plötzlich ausrief:

„ Schau da drüben, Marse Joe! Was für ein Datum gwine 'cross de Bermuda pastur '?"

Über die Kuppe des Hügels glitt ein gelbbrauner Schatten – schlüpfte hinüber und verschwand, bevor Miss Carter ihn sehen konnte.

„Das ist Old Sandy", rief Joe; „Jetzt pass auf Jona auf!"

Plötzlich waren die Hunde wieder zu hören, die immer näher kamen. Dann sprang ein größerer und dunklerer Schatten aus dem Wald und fegte über die Weide, schnell und doch mit der Regelmäßigkeit einer Maschinerie. In kurzen Abständen stieg eine kleine Dampfwolke aus diesem schwarzen Schatten auf, und dann erklang die klare Stimme Jonas über dem Tal. Dann fegten die restlichen Hunde, eine Gruppe von Schatten, mit musikalischen Stimmen über das Bermuda-Feld.

„Oh, wie schön!" rief Miss Carter und klatschte in ihre kleinen Hände.

„Warte", sagte Joe; „Machen Sie keinen Lärm. Er wird hier vorbeikommen und zum Zaun dort drüben gehen, und wenn er keine Todesangst hat, werden Sie einen hübschen Trick sehen."

Es war ein großer Kreis, den der Fuchs machte, nachdem er das Bermuda-Feld passiert hatte. Er überquerte den kleinen Bach, der durch das Tal floss, umging ein Kieferndickicht, lief eine Viertelmeile auf einem Plantagenpfad, drehte sich dann um und stieg das brachliegende Gelände hinunter, das zwischen dem Bach und dem Hügel lag, wo Joe und Miss Carter lebten , mit Harbert, hatten Stellung bezogen. Es war eine vergleichsweise ebene Strecke von fast einer halben Meile. Die alten Maisreihen verliefen der Länge nach über das Feld, und durch eine davon kam Old Sandy in vollem Blickfeld derer, die darauf warteten, ihn passieren zu sehen. Er lief schnell, aber nicht mit voller Geschwindigkeit, und obwohl seine Zunge heraushing, war er nicht beunruhigt. Als er den Zaun zweihundert Meter von den Zuschauern entfernt erreichte, kletterte er leichtfüßig nach oben, setzte sich auf ein Geländer und begann, sich die Vorderpfoten zu lecken, wobei er gelegentlich mit einer Pfote in der Luft stehen blieb, um den Hunden zuzuhören. Einen oder zwei Augenblicke später betrat Jona das Feld am Ende des Tals. Der alte Sandy balancierte vorsichtig auf dem oberen Geländer des Zauns, lief hundert Meter oder mehr darüber, dann sammelte er sich, sprang in die Luft und fiel zwanzig Fuß vom Zaun entfernt in das Ginstergras.

„Oh, ich hoffe, die Hunde fangen ihn nicht!" rief Miss Carter aus. „Er hat die Flucht auf jeden Fall verdient!"

„Er hatte Verstand wie die Leute", sagte Harbert.

„Er blieb zu lange am Zaun. Schau dir nur Jona an!" rief Joe.

Der Hund kam wie ein Wirbelwind über das Feld. Er rannte mindestens dreißig Meter links von der Furche, der der Fuchs gefolgt war.

„Er folgt nicht der Spur des Fuchses", rief Miss Carter. „Ich dachte, Hunde würden Füchsen auf der Spur folgen."

„Das tun sie", sagte Joe, „aber Jonah muss sich nicht daran halten, wie es die anderen Hunde tun." Der Hund, der mit der Nase zum Boden rennt, kann niemals einen Rotfuchs fangen."

„Ist er nicht wunderschön!" rief die junge Dame, als Jonah vorbeistürmte, den Kopf erhoben und seine sonore Stimme Musik in der Luft erzeugend. Er erreichte den Zaun in einiger Entfernung über der Stelle, an der der Fuchs ihn verlassen hatte, verlor die Spur und machte einen weiten Kreis nach rechts, wobei er seine Geschwindigkeit erhöhte. Immer noch schuld, kreiste er weit nach links, nahm den Widerstand eine Viertelmeile vom Zaun entfernt auf und drängte eifriger als je zuvor weiter. Der Rest der Hunde war an der Stelle, an der der Fuchs sich umgedreht hatte, um das Feld zu betreten, über die Spur gerannt, aber schließlich fanden sie sie wieder und liefen in gutem Stil an den Zuschauern vorbei und liefen sehr hübsch zusammen. Am Zaun verloren sie die Spur und suchten einige Minuten lang umher. Einer der jüngeren Hunde wollte den Rückweg nehmen, aber Harbert drehte ihn um und wollte gerade das Rudel in Ordnung bringen, als die Stimme von Jonah wieder zu hören war, klar und klingend. Der alte Sandy, der hart geschubst wurde, ließ sich flach ins Gras fallen und ließ zu, dass der Hund ihn überrannte. Dann verdoppelte er sich und machte sich auf den Rückweg. Er gewann nur wenig, war aber immer noch spielbereit. Jonah wirbelte in einem kurzen Kreis herum und war fast augenblicklich hinter dem Fuchs her. Der alte Sandy schien zu wissen, dass dies seine letzte Gelegenheit war. Mit einem wunderbaren Geschwindigkeitsschub stürzte er sich durch die verspäteten Hunde, die nach der verlorenen Schleppe suchten, schlüpfte durch den Zaun und flog wie ein Blitz an den Zuschauern vorbei. Als die Hunde ihn sahen, ertönte ein gewaltiger Musikausbruch, und für einen kurzen Moment hatte Joe Angst, dass Jonah hinausgeworfen würde. Im nächsten Augenblick erschien der Hund am Zaun und sichtete dort den Fuchs. Damals zeigten sich der Mut und die Schnelligkeit von Jona. Nichts hätte vor ihm bestehen können. Innerhalb von hundert Metern traf er auf den Fuchs. Als der alte Sandy sein Schicksal erkannte, sprang er mit einem Böen in die Luft, und im nächsten Moment schlossen sich die mächtigen Kiefer von Jonah um ihn.

Zu diesem Zeitpunkt waren auch die restlichen Jäger in Sicht. Aus der Ferne beobachteten sie den Fang. Sie sahen den Ansturm, den Jona machte; sie sahen Miss Carter und Joe Maxwell vorwärtsgaloppieren; Sie sahen, wie der Junge von seinem Pferd sprang und sich über den Fuchs beugte, um den herum die Hunde sprangen und heulten; sie sahen, wie er mit dem Hut in der Hand aufstand und seiner schönen Gefährtin etwas überreichte; und dann wussten sie, dass die junge Dame mit der Bürste der alten Sandy am Sattel nach Hause reiten würde.

Diese Jäger kamen nach einer Weile. Ihre Pferde waren abgestumpft und die Reiter selbst sahen unglücklich aus.

„Ist dir aufgefallen, welcher meiner Hunde den Fuchs gefangen hat?" fragte der junge Mann, wem das Rudel gehörte.

„Nein, Sir, das habe ich nicht", sagte Joe.

„Ich finde das zu lustig!" rief Miss Carter fröhlich lachend und beschrieb dann die Verfolgungsjagd, wie sie sie sah. Der junge Mann lächelte , als hielte er das alles für einen Scherz, und an diesem Abend rief er Harbert an und bot ihm einen Dollar Konföderiertengeld an, wenn er die Wahrheit über die Angelegenheit sagen würde. Harbert sagte ihm die Wahrheit, aber es war so unangenehm, dass der junge Mann das Geld völlig vergaß, obwohl ein Dollar damals nicht mehr als zwölfeinhalb Cent wert war.

Miss Carter schien fast genauso stolz auf Jonahs Leistung zu sein wie Joe, und das machte den Jungen sehr stolz und glücklich. Doch als sie nach Hause gingen, ereignete sich ein Vorfall, der für diese Zeit und für einige Tage danach alle Gedanken an Jona und die Fuchsjagd aus seinem Kopf vertrieb.

Die Jäger gingen den Weg zurück, den sie gekommen waren, und kurz nachdem sie die öffentliche Straße betreten hatten , trafen sie auf eine kleine Prozession, die sich als sehr interessant herausstellte, besonders für Joe. Zuerst gab es einen Federwagen, der von einem Pferd gezogen und von einem Neger gelenkt wurde. Auf dem Sitz des Negers saß Mr. John Pruitt, der Deserteur, fest mit Seilen festgebunden. Hinter dem Neger und Herrn Pruitt standen zwei Soldaten mit Gewehren und drei bewaffnete Soldaten auf Pferden, die als Eskorte fungierten. Die jungen Offiziere, die mit Joe Maxwell auf der Jagd gewesen waren, hielten den Wagen an und stellten Nachforschungen an, bis sie ihre Neugier befriedigt hatten. Joe hätte mit Mr. Pruitt gesprochen, aber dieser schien es durch eine fast unmerkliche Kopfbewegung zu verbieten. Sein Gesicht war so gelassen, als wäre er bei einer Kleiderparade dabei gewesen. Als der Wagen weiterfahren wollte, sprach er:

„ Ist das nicht der junge Kerl, der in der Druckerei unten beim Phoenix-Schulhaus arbeitet?" fragte er und nickte mit dem Kopf zu Joe, ohne ihn anzusehen.

„Ja", sagte einer der jungen Beamten.

„Nun, Sir", sagte Mr. Pruitt und holte tief Luft, „ich wünschte, Sie würden ihm bitte sagen, er solle so freundlich sein, meiner Frau unten in der Yarberry-Siedlung mitzuteilen, dass ich dazu keine Gelegenheit haben werde." Wenn du in einer Woche oder länger nach Hause kommst, wird sie dann ihr Bestes geben, damit sie mir sagt, dass ich zurückkomme ."

Joe sagte, er würde das gerne tun.

„Ich dachte , er würde es tun", sagte Mr. Pruitt, während er immer noch mit dem jungen Offizier sprach; „Und ich bin sehr geehrt ."

Dann zog die kleine Prozession weiter in Richtung Hillsborough, und die Jäger machten sich auf den Heimweg. Miss Nellie Carter war sehr interessiert.

„Er sieht überhaupt nicht wie ein Deserteur aus", sagte sie impulsiv, „und ich bin mir sicher, dass da ein Irrtum vorliegt. Ich glaube nicht, dass ein Deserteur seinen Kopf hochhalten kann."

Joe wagte es dann, ihr zu erzählen, was er gehört hatte – dass Mr. Pruitt und mehrere andere Soldaten nach Hause gekommen waren, weil sie gehört hatten, dass ihre Familien unter Nahrung litten. Miss Carter war sehr interessiert und wollte mit dem Jungen zu Mrs. Pruitt gehen.

„Aber ich kann nicht gehen", sagte Joe; „Es gibt niemanden, der meine Arbeit in der Druckerei erledigt. Ich werde Mrs. Pruitt heute Abend durch einige der Neger eine Nachricht schicken.

„Nein, nein!" rief Miss Carter, „das wird niemals reichen. Ich werde meinen Cousin sehen und ihm davon erzählen. Du musst heute gehen, und ich werde mit dir gehen. Oh, es darf nicht verschoben werden; Du musst noch heute Nachmittag gehen! Warum, was ist das für eine kleine Zeitung, die Sie hier im Wald ausdrucken? Die Frau könnte leiden."

Miss Carter traf sich mit ihrem Cousin, dem Herausgeber, und erzählte ihm umgehend von Mr. Pruitt und seiner Familie. Der Redakteur, der einer der besten Männer war, war so interessiert, dass er, anstatt Joe mit der jungen Dame zu schicken, selbst ging und in seinem Kinderwagen einen dicken Korb mit Proviant mitnahm. Als sie zurückkamen, waren Miss Carters Augen rot, als hätte sie geweint, und der Herausgeber sah sehr ernst aus.

„Ich bin sehr froh, dass Sie nicht gegangen sind", sagte er zu Joe, als Miss Carter im Haus verschwunden war.

„War jemand tot?" fragte Joe.

„Nein", antwortete der Herausgeber. "Ach nein; nichts ist so schlimm. Aber die Frau und ihre Kinder sind in einer schrecklichen Lage! Ich weiß nicht, wer dafür verantwortlich ist, aber ich werde in der nächsten Zeitung die Bezirksbeamten und die Ladies' Aid Society bewerten. Diese Menschen befanden sich tatsächlich in einem Hungerzustand und es sah schlimmer aus, als wenn sie eine Fieberepisode durchgemacht hätten. Sie sind nichts als Haut und Knochen. Das Hauptproblem besteht darin, dass sie an einem so abgelegenen Ort leben. Das Haus liegt eine Meile von der öffentlichen Straße entfernt und ist schwer zu finden."

„Ich habe gehört", sagte Joe, „dass der Provostmarschall etwas damit zu tun hatte, Vorräte zurückzuhalten, die an Mr. Pruitts Familie hätten gehen sollen."

"Wie könnte er?" fragte den Herausgeber; und dann fügte er schnell hinzu: „Natürlich konnte er das; er ist für alles verantwortlich. Er ist Richter, Geschworener, Anwalt und Generaldiktator. Wer hat dir davon erzählt?"

„Ich habe es in der Stadt gehört", sagte Joe.

„Nun, er ist ein gemeiner Schlingel", sagte der Herausgeber. Er wünschte Joe einen guten Abend und machte sich auf den Weg ins Haus, blieb aber auf halber Höhe der Treppe stehen und rief dem Jungen zu.

„Ich habe vergessen, Sie nach etwas zu fragen", sagte er und zog einen Brief aus seiner Tasche. „Es ist eine Notiz von Deo über dich. Was weißt du über Deo?"

"Über mich?" sagte Joe. „Ich kannte Herrn Deo, als ich ein kleiner Junge war."

„Na ja, so ein großer Junge bist du jetzt doch nicht mehr", sagte der Redakteur lächelnd. „Hier ist, was Deo sagt: ‚In Ihrer Druckerei arbeitet ein Junge, der sich zu gegebener Zeit für einen guten Zweck sehr nützlich machen kann. Sein Name ist Joe Maxwell und er ist ein sehr guter Freund von mir. Zumindest war er das früher. Bald werde ich nach ihm schicken, und ob ich es tagsüber oder nachts sende, ich möchte, dass du ihn kommen lässt. Wenn ich dir jetzt sagen würde, was ich von ihm will, würdest du lachen und sagen, dass alle dicken Männer dumm sind. Was ich von ihm möchte, kann nur eine Frau oder ein Junge tun. An eine Frau ist nicht zu denken, und ich kenne keinen Jungen, dem ich vertrauen kann, außer Maxwell. Geben Sie ihm einfach vorher Ihre Erlaubnis, damit es zu keiner Verzögerung kommt.‘ Was denkst du jetzt darüber?" fragte die Redaktion.

"Soll ich gehen?" fragte Joe.

„Das müssen Sie selbst entscheiden", sagte der Herausgeber. „Ich kenne Deometari seit fast zwanzig Jahren. Er ist ein guter Anwalt und ein kluger Mann. Aber wenn Sie dorthin gehen, seien Sie vorsichtig. Lass dich nicht in Schwierigkeiten bringen. Sag Deo, dass wir alle dich hier draußen mögen und dass wir keine Dummheiten wollen."

KAPITEL XIII
ABENTEUER EINER NACHT

Schon am nächsten Nachmittag erhielt Joe Maxwell die erwartete Vorladung von Herrn Deometari . Die Botschaft wurde von einem Neger auf einem Maultier überbracht, und das Maultier schien sehr müde zu sein, obwohl es nur neun Meilen zurückgelegt hatte.

„Ich habe noch nie ein solches Maultier gesehen", sagte der Neger empört, als er einen schmutzigen Brief aus seinem Hut nahm und ihn Joe reichte. „Ich fahre um zwei Uhr abends in der Stadt los , es ist schon Nacht. Ich holte mir einen Stock und schlug ihn auf der einen Seite, und dann scheute sie auf der Straßenseite, und wenn ich ihn auf der anderen Seite schlug, scheute sie auf der anderen Seite. Sie war Gwine slonchways de ganze gesegnete Weise."

The messenger.

Herrn Deomatari enthielt weder Adresse noch Unterschrift und war sehr kurz. „Komm sofort", hieß es. „Erinnerst du dich an den Rückzug von Laurel Hill und dem Otter? Kommen Sie am Gefängnis und am Branham-Platz vorbei. Wenn jemand schreit: „Wer geht da hin?" Sagen Sie: „Es ist die Erleichterung."

Joe drehte den Zettel um und studierte ihn. „Wer hat dir das gegeben?" fragte er den Neger.

„Das ist ein fröhlich aussehender weißer Mann, der in der Taverne übernachtet . Er sagt , du sollst nicht auf mich warten, sondern weitermachen. Dem wuz seine vielen Worte – des push on.“

Joe hatte einige Schwierigkeiten zu entkommen. Der Redakteur war irgendwo auf der Plantage verschwunden; und Butterfly, das Pferd, das er reiten wollte – das Pferd, auf dem er immer geritten war – war auf der Weide, und ein Fohlen auf einer Plantagenweide ist ein ebenso großes Problem wie eine harte Summe in der Arithmetik. Das Hengstfohlen ist wie die Antwort. Es ist irgendwo da; aber wie willst du es bekommen und wann? Harbert löste das Problem nach einer Weile, indem er den Hengst in die Enge trieb und ihn fing; Aber die Sonne war fast untergegangen, als Joe losfuhr, und er hatte noch neun Meilen vor sich. Harbert, der eine Art Plantagen-Almanach verfasste, sagte, dass es vor Mitternacht keinen Mond geben würde, und dann einen sehr kleinen; aber das machte für Joe Maxwell keinen Unterschied. Jeder Fuß der Straße war ihm ebenso vertraut wie dem alten Mr. Wall, dem Hutmacher, der zu sagen pflegte: Wenn ihm jemand einen Hut voll Kies von der großen Straße bringen würde, die nach Hillsborough führte, dann er „Ich bin aufgestanden und habe ihnen genau gesagt, woher sie es geholt haben.“ Joe kannte die Straße nicht nur gut, er war auch gut beritten. Butterfly hatte alle Fehler eines Hengstes, außer Angst. Er war übermütig und nervös, aber nichts schien ihm Angst zu machen. Als der Junge anfing, rannte Harbert voraus, um das große Plantagentor zu öffnen, das sich auf die öffentliche Straße öffnete.

„Gute Nacht, Marse Joe“, sagte der Neger. „Ich wünsche dir alles Gute.“

„Gute Nacht, Harbert“, antwortete Joe, während er in die Dunkelheit galoppierte.

In der Abendluft lag etwas mehr als nur ein Hauch von Herbst, und Butterfly sprang eifrig vorwärts und rieb sich an dem Gebiss, das ihn zurückhielt. Das kurze, scharfe Schnauben, das aus seinen zitternden Nasenlöchern kam, zeigte die enorme Energie, die er in Reserve hatte, und erst nachdem er eine Meile oder mehr zurückgelegt hatte, ließ er sich in den langen, schnellen, schwungvollen Galopp ein, der im trüben Licht schien um die Bäume und Zäune hinter sich zu werfen. An einer Kreuzung hörte Joe das Trampeln von Pferden und das Klirren von Sporen und Zaumzeug, aber er hielt nie inne, und erst lange danach erfuhr er, dass er nahe daran gewesen wäre, Bekanntschaft mit Wilsons Räubern zu machen, die sich auf den Weg machten ihren Weg zurück nach Atlanta.

Als die Sterne aufgegangen waren, konnte Joe in der Ferne die Lichter von Hillsborough funkeln sehen, und nach kurzer Zeit bog er in die Seitenstraße ein, die am Gefängnis vorbeiführte, und bahnte sich einen Weg durch die Stadt, bis er den Platz darunter erreichte die Taverne. Dann wandte er sich nach links und befand sich bald vor Herrn Deometaris Zimmer. Wie ein Junge bedauerte er insgeheim, dass ihn nicht irgendein Wächter unterwegs herausgefordert hatte, damit er das Gegenzeichen geben konnte. Eine vermummte Gestalt, die am Rand der Veranda saß, erwachte, als Joe heranritt.

„Wo ist Herr Deometari ?" fragte der Junge.

„Er ist da ", antwortete die Gestalt. „Sind Sie Fum de Plantation, Sah ?"

"Ja."

„Dann soll ich dich mitnehmen ", sagte der Neger.

„Nun, du musst vorsichtig mit ihm sein", sagte der Junge.

„Das werde ich, suh , Kaze Marse Deo sagen, er wird mich bezahlen , und außerdem bleibe ich im Liberty Stable."

Joe sah, wie sein Pferd weggeführt wurde, und dann klopfte er an Mr. Deometaris Tür.

"Komm herein!" rief dieser freundliche Herr.

„Ich bin hier, Sir", sagte Joe, als er eintrat.

„Warum, mein lieber Junge! Also du bist! und ich freue mich, dich zu sehen. Und Sie sind pünktlich. Ich hatte gerade meine Uhr herausgezogen und sagte mir: „In einer kurzen Viertelstunde sollte der Junge hier sein, und ich werde sein Abendessen für ihn fertig haben." Und in diesem Moment hast du geklopft und hier ist meine Uhr immer noch in meiner Hand. Mein lieber Junge, setz dich und ruhe deine Knochen aus. Ich fühle mich besser."

Herr Deomatari ließ das Abendessen für Joe und sich selbst auf sein Zimmer bringen, und während er aß , redete er.

„Sie sind ein kluger Kerl", sagte Herr Deome-tari. „Du weißt nicht, wie schlau du bist. Nein", fuhr er fort und sah ein neugieriges Lächeln auf Joes Gesicht – „ Nein, ich mache mich nicht über dich lustig. Ich meine genau das, was ich sage. Wo ist der Junge in dieser Stadt, der mit einem Auftrag, von dem er nichts wusste, durch die Dunkelheit galoppiert wäre? Ich sage Ihnen, er ist nicht zu finden. Aber angenommen, er könnte gefunden werden, würde er mich dann nicht mit zehntausend Fragen darüber belästigen, was von ihm erwartet wurde, wie er es tun würde und wann und was und was nicht? Jetzt möchte ich dich fragen, warum du gekommen bist?"

„Weil du nach mir geschickt hast", sagte Joe und bestrich einen weiteren Keks mit Butter. „Und weil ich alles herausfinden wollte über …"

„Über was?" fragte Herr Deometari .

„Über Mr. Pruitt und – alles."

„Nun", sagte Herr Deometari , „ich werde Ihnen nicht genau sagen, warum ich nach Ihnen geschickt habe – Sie werden es selbst herausfinden; aber einer der Gründe ist, dass ich möchte, dass Sie mit einer kleinen Gruppe von uns zu einem Punkt gehen, der nicht weit von Ihrem Zuhause entfernt ist. Du kennst die Straßen und weißt, wie die Neger Abkürzungen nennen."

"Heute Abend?" fragte Joe.

"Ja, heute Nacht. Nicht jetzt, aber etwas später."

Joe aß sein Abendessen und blickte dann in das Feuer, das auf dem Herd entzündet worden war.

„Ich habe gerade darüber nachgedacht, Herr Deo", sagte er nach einer Weile, „ob ich zu Mutter gehen sollte."

„Das ist nun die Frage." Herr Deometari rückte seinen Stuhl näher an den Jungen heran, als wollte er sich darauf vorbereiten, die Angelegenheit zu erörtern. „Natürlich hat man das Gefühl, dass man gehen sollte. Das ist natürlich. Aber wenn du gehst, musst du deiner Mutter einen Grund nennen, warum sie hier ist. Du konntest ihr nur sagen, dass ich nach dir geschickt habe. Das ist ein so schlechter Grund, dass sie sich unwohl fühlen würde. Meinst du nicht auch?"

„Nun", sagte Joe nach einer Pause, „ich kann sie nächsten Sonntag besuchen."

Mr. Deome-tari rieb seine dicken Hände aneinander und sah Joe lange an. Er schien zu meditieren. Der Ring an seinem Finger glitzerte wie ein eingefangener Sonnenstrahl, der zu entkommen versuchte.

„Ich möchte Sie herumführen", sagte er nach einer Weile zu Joe, „und Ihnen Captain Johnson vorstellen, unseren würdigen Propstmarschall."

"Mich?" fragte der Junge erstaunt.

„Ja", sagte Herr Deometari . "Warum nicht? Ein kluger Junge wie Sie sollte alle unsere großartigen Militärs kennen. Unser edler Kapitän würde sich sehr freuen, Sie zu sehen, wenn er genauso viel über Ihren Besuch wüsste wie ich."

„Aber so wie es ist", sagte Joe schnell, „weiß er nicht mehr darüber als ich."

„Mein lieber Junge", rief Herr Deometari in scherzhaftem Tonfall, „werden Sie nicht ungeduldig. Es ist so einfach, dass alle unsere Pläne zunichte gemacht werden könnten, wenn ich es dir sagen würde. Nun denn", fuhr er fort und schaute auf die Uhr, „wenn Sie bereit sind, werden wir gehen." Du hast keinen Mantel, aber mein Schal hier wird dir genauso gut genügen."

Joe beteuerte, dass er selbst bei kältestem Wetter nie einen Mantel trage; Aber sein Protest hatte keine Wirkung auf Herrn Deometari , der den Schal geschickt umdrehte und Joe von Kopf bis Fuß darin einhüllte. Dann befestigte er es mit einem langen Stahlstift, dessen Griff einem Dolch ähnelte, am Hals des Jungen.

„Na ja, ich sehe aus wie ein Mädchen", sagte Joe und blickte auf seine Füße.

„Sehr gut, Miss Josephine", lachte Herr Deometari ; „Nimm einfach meinen Arm."

Das Büro des Propstmarschalls befand sich auf der der Taverne gegenüberliegenden Seite des öffentlichen Platzes, und Herr Deometari ging, anstatt dem Bürgersteig zu folgen, durch den Hof des Gerichtsgebäudes. Im Büro herrschte kaum Förmlichkeit. Es gab keinen Wachposten an der Tür, die (als Reaktion auf Mr. Deometaris Klopfen) von einem kleinen Negerjungen geöffnet wurde.

The door attendant.

Einen kleinen Gang oder Flur entlang ging Herr Deometari , gefolgt von Joe. Ein Licht schien durch eine Tür am Ende eines Gangs auf der linken Seite, und durch diese Tür ging Herr Deometari ohne Umschweife. Es gab nicht viele Möbel im Raum – vier Stühle, eine Lounge und einen Tisch. An der Wand hing ein Schwert zwischen Lithographieporträts von General Lee und

Stonewall Jackson; und auf der einen Seite befand sich eine lange Reihe von Fächern voller Papiere. Am Tisch saß ein Mann, der so eifrig mit dem Schreiben beschäftigt war, dass er nickte, ohne von seiner Arbeit aufzublicken.

„Henderson", sagte Herr Deometari , „ich habe heute Abend Gesellschaft. Ich möchte, dass Sie diesen jungen Mann kennen. Sein Name ist Joe Maxwell. Er ist Ehrenmitglied des Hilfskomitees."

Daraufhin wischte Henderson seinen Stift am Kopf ab und legte ihn hin. Dann blickte er über den Tisch zu Joe. Die beiden Kerzen, die ihm Licht spendeten, waren so nah an seinen Augen, dass sie ihn blendeten, als er sein Gesicht hob.

„Maxwell, haben Sie gesagt? – In Ordnung, Mr. Maxwell; Ich bin froh, dich zu sehen. Entschuldigen Sie meine Hand; es ist voller Tinte."

Mr. Henderson hatte eine sanfte, sanfte Stimme und seine Hand war, obwohl sie mit Tinte bespritzt war, so zart wie die einer Frau.

„Ist das der Mr. Henderson, von dem Sie mir vor einiger Zeit erzählt haben?" fragte Joe und wandte sich an Herrn Deometari . „Ich meine den Mr. Henderson, der krank war, als Sie sich aus Laurel Hill zurückzogen?"

„Das Gleiche", sagte Herr Deometari .

Mr. Henderson lachte leise, um seine Überraschung zu verbergen, schob seinen Stuhl zurück und erhob sich von seinem Sitz. Was auch immer er sagen wollte, blieb ungesagt. In diesem Moment ertönte ein Klopfen an der Außentür, das durch den Flur hallte, und fast unmittelbar darauf folgte der feste und gemessene Schritt eines Neuankömmlings. Dann erschien im Türrahmen das heitere Gesicht von Mr. Archie Blandford. Er sah sich halb lächelnd im Raum um, bis sein Blick auf Joe fiel, und dann wich das schattenhafte Lächeln einem unverkennbaren Stirnrunzeln. Joe sah es und hatte zum ersten Mal das Gefühl, dass seine Lage, gelinde gesagt, seltsam war. Er begann sich sehr unwohl zu fühlen, und dieses Gefühl wurde auch durch das knappe Nicken der Anerkennung, das Mr. Blandford ihm schenkte, nicht gemildert. Er war ein sensibler Junge, und es war nicht angenehm zu erkennen, dass man ihn als Eindringling betrachtete. Er sah Herrn Deometari an , aber dieser schien in das Studium der Porträts an der Wand vertieft zu sein. Mr. Blandford ging ein paar Schritte ins Zimmer, zögerte und sagte dann plötzlich:

„Deo! lass mich dich einen Moment sehen."

Die beiden Männer gingen in die Halle und bis zur Außentür, und obwohl sie sich in gedämpfter Stimme unterhielten, nahm der Flur die Funktion einer

Sprechröhre ein, und jedes Wort, das sie sagten, konnten Joe Maxwell und Mr. Henderson hören .

„Deo", sagte Mr. Blandford, „was zum Teufel macht Maxwell hier?" Er sollte im Bett zu Hause sein."

„Er ist hier", erklärte Herr Deometari , „auf meine Einladung."

„Aber dein Verstand muss dir sagen, Deo, dass dieses Kind nicht in die Angelegenheiten dieser Nacht verwickelt werden sollte. Es ist fast sicher, dass es ernst ist."

„Das ist genau der Grund, warum er hier ist", sagte Herr Deometari . „Von jetzt an bis zum Jüngsten Tag könnte ich dir predigen, und du würdest mir nie zuhören . Aber wenn dieser Junge dich ansieht, behältst du die Beherrschung. Ich kenne dich besser, als du dich selbst kennst. Du bist heute Abend hierhergekommen und hattest dir vorgenommen, etwas Unüberlegtes zu tun. Ich habe es gestern Abend in deinem Gesicht gelesen; Ich habe es heute Morgen in deinen Augen gesehen; Ich höre es jetzt in deiner Stimme. Mein lieber Freund, das wird niemals auf der Welt funktionieren. Du würdest alles ruinieren. Was du vorhattest , wirst du nicht wagen, wenn der Junge dich ansieht. Und es gibt noch einen weiteren Grund: Wenn dieser Mann Johnson aus der Grafschaft gebracht werden soll, ist die beste Route die von Armour's Ferry, und Maxwell kennt jeden Fuß der Straße."

Dann gab es eine Pause, und Mr. Henderson ging zur Tür und sagte;

„Ihr beide könntet genauso gut hier reinkommen und es rausholen. Wir können jedes Wort hören, das Sie sagen."

Sie kamen ins Zimmer zurück, Mr. Blandford lächelte und Mr. Deometari war leicht errötet.

„Ich habe gerade vergessen, Ihnen die Hand zu geben", sagte Mr. Blandford, ging zu Joe und ergriff die Hand des Jungen. „Es lag nicht daran, dass ich dich nicht mag."

„Danke", antwortete Joe. „Ich verstehe nicht, worüber Sie und Herr Deo gesprochen haben, aber ich möchte nicht im Weg sein."

„Sie sind überhaupt nicht im Weg", sagte Herr Deometari mit Nachdruck.

„Ich würde sagen: Nein", rief Mr. Blandford herzlich aus. „Deo hat Recht und ich hatte Unrecht. Ich wäre froh, wenn ich niemandem mehr im Weg stünde als du. Wenn du größer wirst, wirst du herausfinden, dass ein Mann nie zu alt wird, um ein Narr zu sein." Damit griff er unter seinen Mantel, schnallte eine schwere Pistole ab und legte sie auf den Kaminsims. – „Sehen Sie", sagte er zu Herrn Deometari , „ich kapituliere völlig." Ich möchte diese

Waffe nicht haben, wo ich sie in die Hände bekommen kann, wenn ich unseren Freund Captain Johnson sehe."

„Sie können Ihre Pistole anschnallen", bemerkte Mr. Henderson leise. „Sie werden den Kapitän heute Abend nicht sehen."

„Donner!" rief Herr Deometari aus und sprang auf. „Wir müssen ihn sehen! Pruitt ist im Wachhaus. Krank oder gesund, Captain Johnson muss diese Nacht mit uns reisen. Ich möchte nicht, dass er getötet oder verletzt wird, aber der Schurke soll nicht mehr in dieser Stadt herumstolzieren."

„Es ist genau so, wie ich es Ihnen sage ", sagte Henderson auf seine sanfte Art; „Du wirst ihn heute Abend nicht sehen."

Mr. Blandford lachte, als betrachte er die Angelegenheit als Witz, während Mr. Henderson begann, in einigen Papieren auf dem Tisch herumzufummeln. Er wählte aus diesen drei kleinen Dokumenten aus, die er übereinander vor sich ausbreitete. Dann sah er die beiden anderen Männer an und lächelte.

„Tom", sagte Herr Deometari , „das ist eine sehr ernste Angelegenheit. Sie kennen diesen Johnson so gut wie wir, und Sie wissen, dass es an der Zeit ist, ihn loszuwerden."

„Ich kenne ihn viel besser als Sie beide", sagte Mr. Henderson immer noch lächelnd, „und das ist der Grund, warum er heute Abend nicht hier ist. Das ist der Grund, warum du ihn nicht sehen wirst."

Mr. Deometari lief auf dem Boden auf und ab und zog seinen Schnurrbart, während Mr. Blandford ungeduldig auf dem Tisch trommelte.

„Das Problem ist", fuhr Herr Henderson fort und wandte sich immer noch an Herrn Deometari , „dass wir beide Angst vor Archie Blandfords Temperament haben."

„Jetzt hör dir das doch mal an!" rief Herr Blandford aus. „Na ja, du wirst diesen Kerl hier denken lassen, ich sei bösartig. Er wird glauben, ich sei ein Menschenfresser."

„Wir wissen beide, was er für Kapitän Johnson empfindet", fuhr Mr. Henderson fort, ohne auf die Unterbrechung zu achten, „und wir haben beide versucht, ihn davon abzuhalten, etwas zu tun, was er bereuen könnte." Ich denke, Ihr Plan wäre erfolgreich gewesen; und ich bin jedenfalls froh, dass du Maxwell mitgebracht hast, denn ab und zu treffe ich gern einen aufgeweckten Jungen; aber mein Plan ist schließlich der beste, denn Kapitän Johnson ist weg."

Herr Deometari blieb stehen und setzte sich. "Erzähl uns darüber."

„Nun", sagte Mr. Henderson, „hier ist eine Korrespondenz, die über die Post an Captain Johnson gelangt ist." Es gibt drei Buchstaben. Wir nennen diese Nummer eins:

„'Sir: Es wurde festgestellt, dass Sie sich geweigert haben, Lieferungen für die Frauen und Kinder konföderierter Soldaten weiterzuleiten. Dies bezieht sich insbesondere auf die Frau und die Kinder eines gewissen John Pruitt.'"

„Es gibt keine Unterschrift", sagte Herr Henderson. „Dies" – um ein weiteres Dokument aufzugreifen – „ werden wir Nummer zwei nennen."

„'Sir: Es ist bekannt, dass von diesem Posten keine Vorräte für die Frau und die Kinder eines gewissen John Pruitt übrig geblieben sind. Muss das Hilfskomitee handeln?

„Hier", fuhr Herr Henderson fort, „ist der Letzte. Es ist Nummer drei:

„'Sir: John Pruitt ist im Gefängnis, wo er nicht anders kann . Das Hilfskomitee wird morgen Abend zusammentreten. Halten Sie sich bereit, die Geschichte des Rückzugs von Laurel Hill noch einmal zu hören.'"

"Also?" sagte Herr Deometari , während Herr Henderson innehielt.

„Nun, der Mann war fast zu Tode besorgt. Er war ständig unruhig. Schließlich kam er zu mir und besprach die Angelegenheit. Das war gestern. Wir gingen gemeinsam die Vorfälle in Laurel Hill durch, und ich benutzte ziemlich freizügig den Namen von Archie Blandford. Das Ergebnis war, dass ich Kapitän Johnson riet, sich beim Kommandeur des Postens in Macon zu melden, und er befolgte meinen Rat."

„Sehe ich aus wie ein gefährlicher Mann?" fragte Mr. Blandford und wandte sich an Joe.

„Nicht jetzt", antwortete Joe. „Aber deine Augen leuchten sehr."

„Ich wünschte zum Himmel, sie wären so hell wie deine!" sagte Herr Blandford lachend.

„ Wir hatten also all unsere Mühe umsonst", schlug Herr Deometari vor.

„Oh nein", sagte Herr Henderson; „Uns ist eine Menge Ärger erspart geblieben. Johnson ist weg, und ich habe hier einen Befehl zur Freilassung von Pruitt."

„Wenn wir das alles gewusst hätten", bemerkte Herr Deometari , „wäre Maxwell sicher im Bett, wo er vermutlich sein sollte. – Mein Sohn", fuhr er fort, „es ist schade, dass du zurückgeritten bist." hervor in der Nacht."

„Nur um einem dicken Mann mit Launen eine Freude zu machen", bemerkte Mr. Blandford.

„Oh, es macht mir keine Probleme", protestierte Joe. „Es ist fast wie ein Buch, nur dass ich nicht alles ganz verstehe. Was hatten Sie mit Captain Johnson vor?"

"Mich? Oh, ich – nun ja, Tatsache ist, dass Deo heute Abend mein Regiment befehligte", antwortete Mr. Blandford. Es schien ihm peinlich zu sein.

„Es ist alles sehr einfach", sagte Herr Deometari .

„Wenn man etwas älter wird , wird man sehr viele Leute wie Captain Johnson finden. Er hatte ein wenig Macht und er hat sie genutzt, um alle Menschen hier gegen ihn aufzuhetzen. Ein weiteres Problem besteht darin, dass er früher zu den Stammspielern gehörte, wo die Disziplin so streng wie möglich ist. Er hat versucht, hier zu streng zu sein, und diese Konföderierten halten das nicht aus. Der Privatsoldat denkt, er sei so gut wie ein Unteroffizier, manchmal sogar besser. Ein Propstmarschall ist eine Art militärischer Polizeichef, und wenn sein Kommandeur so weit weg wie Macon ist, kann er viel Schaden anrichten, besonders wenn er von einem Anflug von Gemeinheit durchdrungen ist. Johnson hat sich hier zu Hunderten Feinde gemacht. Am schlimmsten war, dass er die Ehefrauen von Soldaten sehr schlecht behandelte. Sie wissen alles über seine Bosheit gegenüber John Pruitt. Wir wollten ihn heute Abend zur Armour's Ferry bringen, ihn über den Fluss bringen und ihm klar machen, dass wir ohne ihn auskommen könnten."

„Und er würde nie zurückkommen?" fragte Joe.

„Nein", sagte Herr Deometari , „er würde nie zurückkommen."

„War Mr. Blandford sehr wütend auf ihn?" fragte der Junge.

„Ja, das war ich", gab dieser Herr zu, lachte ein wenig und sah unbehaglich aus. „Er hat mich einmal verhaften lassen und versucht, mich dazu zu bringen, Sand in ein Fass zu schaufeln, das an beiden Enden offen war. Was halten Sie davon?"

„Ich denke, es muss sehr lustig gewesen sein", sagte Joe und lachte herzlich.

„Ich denke, es war lustig", bemerkte Mr. Blandford grimmig, „aber der Schlingel hätte den Spaß nicht genossen, wenn dieser große, dicke Mann nicht hier gewesen wäre."

„Ich hoffe, Sie beziehen sich nicht auf mich", sagte Mr. Henderson so ernst, dass die anderen in Gelächter ausbrachen.

„Kommen Sie jetzt", schlug Herr Deometari vor. „Lassen Sie uns etwas frische Luft in den armen John Pruitt hineinlassen."

Nachdem Mr. Pruitt aus dem Wachhaus entlassen worden war, gab es nichts mehr zu tun, und so bestieg Joe sein Pferd und galoppierte zur Plantage. Butterfly war sehr froh, dass sein Kopf in diese Richtung gedreht wurde, und er ging so schnell, dass Joe innerhalb einer Stunde zu Hause und im Bett war. Sein Kopf war so erfüllt von dem, was er gesehen und gehört hatte, dass er alles im Schlaf noch einmal durchging. Herr Deometari , so stämmig er auch war, trat an die Stelle von Porthos , dem großen Musketier; Herr Blandford war D'Artagnan; Mr. Henderson war der schlanke und schlanke Mann (Aramis), an dessen Namen sich Joe in seinen Träumen nicht erinnern konnte; und sogar Mr. Pruitt entwickelte sich zu einer romantischen Figur.

KAPITEL XIV
DER VORHANG FÄLLT

Irgendwie schienen wichtige Ereignisse nach Joe Maxwells Erfahrung mit Mr. Deometari , Mr. Blandford und den anderen schneller aufeinander abzufolgen. Einige davon waren überraschend und alle verwirrend. Im Juli wurde Atlanta von General Sherman eingenommen. Ein paar Wochen später erzählte Harbert Joe, während er die alte Washington-Handpresse Nr. 2 im *Countryman*- Büro reinigte und ölte, dass die Bundesarmee bald durch den Landkreis marschieren würde.

"Wer hat Ihnen gesagt?" fragte Joe.

„Das Wort ist gekommen", antwortete Harbert. „Hit bleeze Wenn es so ist, kaze alle Nigger haben es gehört . Wir werden alle aufwachen, einige dieser seltsamen Shorts und die Yankees, die hier herumschwirren. "

"Was werden Sie tun?" erkundigte sich Joe lachend.

„Oh, du kannst ja lachen, Marse Joe, aber lieber Komm '. Was mache ich? Nun ja , ich bin Gwine Ich stehe auf und schaue mir ähm an, und vielleicht ziehe ich meinen Hut vor ein paar der großen Käfer , ähm, und dann brenne ich über mein Geschäft. Ich esse kein Deyer Wein ter Bodder Leute, was wollt ihr nicht , oder ?"

Joe hatte dieses Gespräch vergessen, bis es ihm eines Morgens kurz nach seiner nächtlichen Fahrt nach Hillsborough in den Sinn kam. General Sherman hatte sich von Atlanta losgemacht und marschierte durch Mittelgeorgien. Die Leute, die Joe sah, gingen mit besorgten Gesichtern umher, und selbst die Neger hatten Angst.

Even the negroes were frightened.

Vor dieser riesigen Schar verbreiteten sich allerlei Gerüchte und verbreiteten Angst und Bestürzung auf den friedlichen Plantagen. Endlich, an einem kalten, nieseligen Tag im November, hörte Joe Maxwell, als er auf dem Weg zur Druckerei die Straße entlang stapfte, das Klappern von Hufen hinter sich, und zwei Reiter in Blau galoppierten vorbei. Sie zügelten ihre Pferde, erkundigten sich nach der Entfernung bis Hillsborough und galoppierten dann wieder weiter. Es handelte sich um Kuriere, die Depeschen des 20. Armeekorps an General Sherman überbrachten.

Danach herrschte auf der Plantage ein geschäftiges Hin und Her. Die Pferde und Maultiere wurden zu einem abgelegenen Feld getrieben, in dem sich ein großer Sumpf befand. Joe trug Butterfly und band ihn mitten im Sumpf fest, wo er reichlich Wasser zum Trinken und junges Zuckerrohr zum Essen bekommen konnte. Während der nächsten zehn Stunden wimmelte es auf der Plantage, wie Harbert vorhergesagt hatte, ziemlich von Nahrungssuchetrupps von Föderalen. Von einigen Negern geführt, fanden sie die Pferde, Maultiere und anderes Vieh und vertrieben sie; und als Joe davon hörte, wollte er über den Verlust von Butterfly weinen. Das Pferd gehörte ihm nicht, aber er hatte es von einem Fohlen abgezogen, und es gehörte ihm, wann immer er es benutzen wollte, Tag und Nacht. Doch Butterfly geriet bald in Vergessenheit in der Aufregung und Verwirrung, die von den Sammlern verursacht wurde, die durch die Plantagen fegten, im Namen des Krieges Steuern auf das Vieh erhoben und die nicht allzu gut gefüllten Räuchereien und Scheunen auf der Suche nach Vorräten durchsuchten.

Joe Maxwell sah viele dieser Sammler, und er fand, dass sie alle, mit einer Ausnahme, gut gelaunt waren. Die Ausnahme bildete ein Deutscher, der kaum Englisch sprechen konnte, um sich verständlich zu machen. Als dieser Deutsche in den Lagerraum kam, in dem die Hüte aufbewahrt wurden, wollte er so viele abnehmen, wie sein Pferd tragen konnte, und wurde sehr wütend, als Joe protestierte. Er wurde tatsächlich so wütend, dass er das Gebäude angezündet hätte. Er zündete ein Streichholz an, sammelte eine Menge alter Papiere und anderen Müll zusammen und war gerade dabei, es abzufeuern, als ein Offizier hereinstürmte und ihm mit der flachen Seite seines Degens heftige Schläge versetzte. Es war eine Vorführung, so lustig wie eine Szene im Zirkus, und Joe genoss sie so sehr, wie er unter den gegebenen Umständen nur konnte. In der Nacht waren alle Sammler verschwunden.

A forager.

Die Armee war bei Denham's Mill ins Lager gegangen, und Joe nahm an, dass sie nach Hillsborough weitermarschieren würde, aber darin täuschte er sich. Am nächsten Morgen bog es scharf nach links ab und marschierte in Richtung Milledgeville. Joe war ziellos auf dieser Straße umhergewandert, wie er es schon hundert Mal zuvor getan hatte, und hatte sich schließlich auf den Zaun in der Nähe eines alten Schulhauses gesetzt und begonnen, an einem Geländer zu schnitzen. Bevor er es merkte, waren die Truppen über ihm. Er behielt seinen Sitz, und das 20. Armeekorps unter dem Kommando von General Slocum wurde vor ihm abgehalten. Es war zahlenmäßig eine imposante Anordnung, aber nicht optisch! Für Joe waren der Glamour und die Romantik des Krieges ein für alle Mal verschwunden. Der Himmel war voller Wolken und ein feiner, irritierender Nebel wehte herab. Die Straße war mehr als knöcheltief im Schlamm und sogar die Felder waren sumpfig. An diesem riesigen Zug mit seinen trampelnden Soldaten, seinen klappernden Reitern und seinen schwerfälligen Wagen war nichts Fröhliches, außer der Stimmung der Männer. Sie planschten durch den Schlamm, machten Witze und sangen Liedfetzen.

Joe Maxwell, der auf dem Zaun saß, war Gegenstand vieler Scherze, während die gut gelaunten Männer vorbeimarschierten.

„Hallo, Johnny! Wo ist dein Sonnenschirm?"

„Spring runter, Johnny, und lass mich dir einen Abschiedskuss geben!"

„Johnny, wenn du müde bist, steh hinten auf und fahr mit!"

„Lauf und hol deinen Koffer, Johnny, und steig ein!"

„Er ist ein Volltreffer, Jungs. Wenn er mit den Augen zuckt, werde ich ausweichen !"

„Wo ist der Rest deines Regiments, Johnny?"

„Wenn noch einer von ihnen auf dem Zaun sitzen würde , auf der anderen Seite, würde ich sagen , wir wären umzingelt!"

Mit diesen und Hunderten anderer Kommentare, Ausrufe und Fragen wurde Joe zur Zielscheibe; und wenn er dem Feuer mit ungewöhnlicher Ruhe standhielt, dann deshalb, weil ihm dieses riesige Panorama wie das Ergebnis eines wilden Traums vorkam. Dass die Bundesarmee durch diese friedliche Region vorstoßen sollte, erschien ihm nach allem, was er in den Zeitungen über Siege der Konföderierten gesehen hatte, eine Unmöglichkeit. Die Stimmen der Männer und ihr Lachen klangen vage und inhaltslos. Es war sicherlich ein Traum, der den Krieg seines glitzernden Drumherums und seiner wehenden Banner beraubt hatte. Es war sicherlich die Verzerrung eines Traums, die dieser Prozession bewaffneter Männer, Scharen von Kühen, Pferden und Maultieren und Wagenladungen Fledermäusen, folgte! Joe hatte von Pontonbrücken gelesen, aber er hatte noch nie von einem Pontonzug gehört, und er wusste auch nicht, dass Bateaux zum Gepäck dieser Invasionsarmee gehörten.

Doch nach einer Weile verging alles, und dann stellte Joe fest, dass er überhaupt nicht geträumt hatte. Er sprang vom Zaun und machte sich über die Felder auf den Heimweg. Noch nie seit der Besiedlung herrschte auf der Plantage so viel Frieden und Ruhe . Die Pferde und Maultiere waren verschwunden und viele der Negerhütten waren leer. Harbert war so beschäftigt wie immer, und einige der älteren Neger waren an ihren gewohnten Plätzen, aber die jüngeren, besonders diejenigen, die aufgrund ihrer Feldarbeit nicht auf vertrautem Fuß mit ihrem Herrn und ihrer Frau gestanden hatten, waren ihm gefolgt die Bundeswehr. Den Verbliebenen sei vom Herausgeber mitgeteilt worden, dass sie frei seien; Und so geschah es im Handumdrehen, dass das Alte vergangen war und alles neu war.

In einer Ecke des Zauns, nicht weit von der Straße entfernt, fand Joe eine alte Negerin, die zitterte und stöhnte. Neben ihr lag ein alter Neger, dessen Schultern mit einem alten, zerlumpten Schal bedeckt waren. „Wer liegt da da?" fragte Joe.

„Das ist mein alter Mann, suh ."

"Was ist mit ihm los?"

„Er ist tot, äh ! Aber Gott segne ihn, er ist frei gestorben!" *

Es war ein erbärmlicher Anblick und ein erbärmliches Ende des Freiheitstraums des alten Paares. Harbert und die anderen Neger begruben den alten Mann, und die alte Frau machte es sich in einer der leeren Hütten bequem; Sie hörte nie auf, „Little Marster ", wie sie Joe nannte, zu segnen und würdigte ihn für alles, was für sie getan wurde. So alt sie auch war, sie und ihr Mann waren der Armee viele mühsame Kilometer auf dem Weg in die Freiheit gefolgt. Der alte Mann fand es in der Zaunecke und ein paar Wochen später fand die alte Frau es in der bescheidenen Hütte.

Am nächsten Morgen, als Joe Maxwell in der Druckerei herumlungerte und sich mit dem Herausgeber unterhielt, kam Butterfly angegaloppiert, geritten von Mink, der kein Ausreißer mehr war.

Dieser Vorfall hat viele Anpassungen erfahren. Es ist gerade passiert

wie es hier angegeben ist und später in The veröffentlicht wurde

Landsmann.

„Ich sehe, dass du mich in den Sumpf gebracht hast , Mars' Joe, und dann habe ich ein paar andere Nigger zum Weinen gebracht Verdammt lange mit den Yankee- Männern , und ich sage ter myse'f dat ich besser gehen sollte, verdammt noch mal ; Also bringe ich ihn unten am Fluss unter und hier ist er. Er ist vielleicht nicht so toll Fatez er wuz , aber er des ez Spiel ez er jemals gewesen ist.

Joe war zufrieden, und der Herausgeber war zufrieden; Und es geschah, dass Mink einer der Pächter der Plantage wurde, und nach einer Weile kaufte er eine eigene kleine Farm und gedieh und gedieh.

Aber das geht mit einer einfachen Chronik zu weit. Es kann nicht hier und jetzt ausgesponnen werden, um die großen Veränderungen zu zeigen, die hervorgerufen wurden – die Heilung der Wunden des Krieges; der Aufstieg eines Teils von Ruin und Armut zum Wohlstand; die Formung der Schönheit, des Mutes, der Energie und der Stärke der alten Zivilisation in die neue; die allmähliche Erhebung einer niederen Rasse. All diese Dinge können hier nicht erzählt werden. Das Feuer brennt niedrig und die Geschichte ist zu Ende.

Die Plantagenzeitung erschien noch eine Weile, doch in einem Land voller Trostlosigkeit und Verzweiflung konnte der Herausgeber nicht darauf hoffen, dass sie überleben würde. Eine größere Welt lockte Joe Maxwell und er begab sich hinein. Und es geschah, dass er überall liebevolle Herzen fand, die ihn trösteten, und starke und freundliche Hände, die ihn führten. Er fand neue Assoziationen und knüpfte neue Bindungen. Auf bescheidene Weise machte er sich einen Namen, aber die alten Plantagentage leben noch immer in seinen Träumen.

DAS ENDE.

www.ingramcontent.com/pod-product-compliance
Lightning Source LLC
LaVergne TN
LVHW041658190726
843493LV00007B/1859